顾客心理战

CONSUMER.OLOGY

The Truth about Consumers and the Psychology of Shopping

〔英〕菲利普·格雷夫斯（Philip Graves）——— 著

陶尚芸 ——— 译

中国友谊出版公司

图书在版编目（CIP）数据

顾客心理战 /（英）菲利普·格雷夫斯著；陶尚芸
译 . -- 北京：中国友谊出版公司，2019.9
书名原文 : Consumer.ology : The Truth about
Consumers and the Psychology of Shopping
ISBN 978-7-5057-4778-4

Ⅰ . ①顾… Ⅱ . ①菲… ②陶… Ⅲ . ①商业心理学
Ⅳ . ① F713.55

中国版本图书馆 CIP 数据核字 (2019) 第 144153 号

书名	顾客心理战
作者	[英] 菲利普·格雷夫斯
译者	陶尚芸
出版	中国友谊出版公司
发行	中国友谊出版公司
经销	新华书店
印刷	大厂回族自治县益利印刷有限公司
规格	710×1000 毫米　16 开
	15 印张　195 千字
版次	2019 年 9 月第 1 版
印次	2019 年 9 月第 1 次印刷
书号	ISBN 978-7-5057-4778-4
定价	59.00 元
地址	北京市朝阳区西坝河南里 17 号楼
邮编	100028
电话	(010) 64678009

谨以此书献给我的父亲，他总是鼓励我多思考。

赞　誉

这是一本令人大开眼界的书。它经过了彻底的研究和严密的论证。它会让一些人感到震惊，也让一些人感到愤怒。对许多人来说，它就是在打开天窗说亮话。

——丹尼·弗兰贝格

曼哈顿的营销专家

顾客行为顾问格雷夫斯坚持认为，影响公众对产品看法的最重要因素就是潜意识或无意识。他认为，要求个人描述自己喜不喜欢某个产品的原因，只能代表意识方面，并没有渗透我们决策过程的整个潜意识的层面……对于那些对群体行为心理学或市场调查方法有效性感兴趣的人，以及那些在商业领域试图向公众介绍新产品的人来说，这是一部很好的读物。

——波比·约翰逊·伦瓦尔

美国《图书馆杂志》（*Library Journal*）

本书作者通过解读顾客行为心理学基础，带领我们进入一场引人入胜的浪漫之旅……写得很棒，易于理解，也很有趣，还发人深思。本书对顾客心理学进行了深度剖析，是营销人员和总经理的必备读物，还谨慎地避开了那些靠市场调查为生的人。

——艾伦·贾尔斯

市场营销协会，牛津大学赛德商学院副研究员本书已经成为出版界的奇迹……格雷夫斯已经把大部分的猜测变成了接近一个新的科学分支的东西——顾客行为科学。因为他的写作风格比较轻松，所以读起来很愉快。直到后来，你才会意识到，他成功地调整了你的视角、解放了你的思想。

——《剑桥大学商业杂志》（*Cambridge Business Magazine*）

这部佳作中囊括了很多精彩的逸闻逸事。

——法里斯·雅各布
"人才模仿，天才剽窃"(Talent imitates, genius steals) 博客

这是一本经过充分研究的、思路清晰的书，它将迫使市场调查行业去解决一些相当棘手的问题，即做什么和如何做的问题。其含义就是，学术研究"业务"也容易受到批评，因为经验数据通常是使用相同的技术收集的。

——约翰·费伊
市场营销学教授、畅销教材《营销基础》（*Foundations of Marketing*）作者

在从事市场调查工作后，格雷夫斯对自己的职业提出了尖锐的批评。他所做的不仅仅是向营销人员展示他们的错误方式，还向他们展示如何培养更好的洞察力。

——理查德·克里
《董事》（*Director*）杂志

入选《董事》杂志"10位原创思想家，推动英国经济复苏的十大创意"。

对市场调查"科学"的无情批判……本书主要针对的是商业读者，但对于其他人而言，书中也有一些发人深省的东西。

——《苏格兰人报》（*The Scotsman*）

迷人的思想。

——史蒂夫·怀特
BBC 广播 2 台

本书打破了传统的市场调查方法和动机，令人耳目一新。格雷夫斯在心理学理论中穿插了大量关于误导顾客的成功与失败的精辟逸事，必然会立刻引发愤怒情绪，但在营销和创新领域中也会得到认可。

——布莱克·H. 格伦
企业创新梦工厂（What If !）的高级发明家

这是一本令人着迷的书，它可能会永远改变你们对市场调查的看法！格雷夫斯是一名市场调查者，具有行为科学调查背景。他言辞凿凿地指出，当你问人们在某种情况下会做什么时，你很可能得到错误的答案。鉴于许多市场调查都会提出这样的问题，他得出了"调查工作可能弊大于利"的结论，并通过无数的错误案例证明了这一点。本书提供了一系列因素，如果加以认真考虑，可以真正提高调查工作的准确性：尽管你们永远不会以完全相同的方式看待调查工作！它真的可以让你们大开眼界，我要推荐给任何级别的经理人。

——《职业经理人》（*Professional Manager*）杂志

目 录
CONTENTS

·

当你让人们去想象，如果发生了什么不可思议或可怕的事情，他们会有什么感觉时，他们总是会夸大自己的反应。

来自社会心理学和神经科学的理解，有助于解释为什么顾客会这样做，以及为什么在抽象背景中看似合乎逻辑或得到顾客认可的东西在现实中可能不会成功。

推荐序

首先要考虑某人过去的选择……

"你为什么去做了那件事？"

"我不知道！"

"你当时是怎么想的？"

"我当时希望某事即将发生……"

（或者，在这里进行另外一场现场交谈或事后合理化）

接下来，就是对未来行为的预测。

"如果商店里有这款产品，你会去买吗？"

"会啊，太棒啦！我很喜欢那东西。"

"如果我们提供这项服务，你会购买吗？"

"当然啦！"

在展望未来时，人们几乎没有能力去推算自己的行为举止，人们也不能准确地说出自己过去做某事的"原因"。

现在你们不必问了。

人类大脑的操作系统已经学会了"抄近路"和"偷懒"。如果没有这些"抄近路"的决策方法，我们在生活中可能会永远一事无成。也因为同样的智力因素，我们经常会做一些非常愚蠢的事情，让自己陷入一堆麻烦。

纵观人类的行为，在决策过程中有几十种"抄近路"的方法，可以帮你弄清楚人们将来会做什么。你不必询问，就可以非常清楚地知道，他们过去"为什么"会做那些事。

对于那些需要将有利可图的产品和服务推向市场的企业来说，它们永远不需要花大钱进行小组座谈，因为它们在预测大多数产品和服务的未来行为结果方面有着可怕的记录。菲利普·格雷夫斯已经提供了一个很好的指南，帮助我们理解人们将会去做与不做的事情。他会告诉读者，无论是回想往事还是品味当下，为什么人们都会发现自己曾经做过一些"毫无意义"的事情。

我研究顾客行为 20 年，已经总结出了一种有利又有用的方式，可以避开大量的产品测试、理解顾客决策的基本原理，以及他们思想背后的动机和情绪。

现在，多年的知识和经验浓缩成一本易于阅读和理解的书，希望可以帮到大家……顺便说一声，购买本书就是一个很棒的决定！

我是怎么知道的呢？

你们很快就会在本书中找到答案。

凯文·霍根

2010 年 4 月

明尼阿波里斯市

新版自序

这本书是关于顾客如何思考的科学，以及这些知识对更好地理解顾客的影响。究竟是什么驱动了顾客的行为，以及为什么依赖于人们自我理解的调查完全不可靠，关于这些我们还需要了解很多——我们讲述关于自己购物的故事可能听起来很有说服力，但是却误导了顾客。我们在受"思维差距"之苦：潜意识和意识之间的隔阂。其中，潜意识在我们的头脑中运行并指导我们的行动；意识则是体验结果，喜欢让愿意听的人误以为是它一直在发号施令。

思维差距意味着，我们走出一家商店就能相信这一点：我们买下一件商品，是因为它就是我们想买的东西。有时候，这是事实，但更多的时候，各种各样的因素会在潜意识的状态下出现，导致我们在那个时候购买。关于思维差距的证据来自于所有精心控制的心理研究，这些心理研究与决策背景"相爱相杀"。当改变一个元素（比如灯光、音乐、气味或天花板高度）就可以改变人们的行为时，我们就会知道是什么导致了这种变化；然而，当我们将其与人们对自己行为的合理解释进行相互对照时，就会发现甚至都没有参考这个实验变量。

自第一版《购物心理学》（*Consumer.ology*）问世以来，发布的研究进一步深入洞悉了可以影响我们的潜意识因素，并强化了我对潜意识在我们行为中的重要性的看法。例如，实验表明，在激动人心的体育比赛中插播的电视广告，其收视率要高于插播在比赛缺乏悬念的时候。[1]针对婴儿名字趋势的分析发现，人们选择的名字会与前几年流行的名字有相同的发音；有趣的例子是，当飓风得到大量媒体报道时，它的名字会在接下来的一年里影响很多人。[2]在"投资游戏"的实验中，只是告诉人们这笔钱最初投资于其中一家基金，如此便能改变他们的选择：他们得到的选择越多，就越有可能把投资留在原处。[3] 人们在观看电视政治辩论的时候，如果目睹了别人对候选人表现的看法，他们的选择会受其影响。[4] 4~6 岁的儿童可能更喜欢盒子上印着一位著名电视人物图案的早餐麦片。[5] 改变房间内环境照明的颜色，会导致人们对葡萄酒的不同评价。[6]

此类的调查考虑到了这样一个事实：人们的反应容易受到我们以前认为无关紧要或次要因素的影响。这样的研究进行得越多，我们就越能了解到：我们有意识地思考的东西并不重要。事实上，近几十年来，越来越多的科学证据揭示了一个既令人着迷又有些让人放松的道理：我们不以我们认为的方式思考。数千年来，人们一直相信自己对自己头脑中发生的事情的感知能力，他们认为自己的想法反映了自己的信仰，自己的行为取决于自己的价值观和信念。但是最终的事实还要更复杂一点。我们有惊人的能力去应对我们周围的世界，并根据我们所遇到的情况采取行动，然而并不会意识到自己正在这样做。

当进化生物学家把人类描述成会讲故事的猿猴时，他们关注的是我们的说话能力；显而易见，我们给自己讲的故事和我们给别人讲的故事一样多，而且其中很多故事都是虚构的作品。

我特别感兴趣的是，我们作为顾客讲给自己的故事，以及要求我们给他们讲故事的人。我们所说的内容是可靠的吗？尽管出现了一些调查技巧，不以顾客理解人们所说的话为基础，比如人种学、眼球追踪，以及精心设计的室内试验（各自都有其自身的局限性），但是企业和国家机构仍然充斥着市场调查，询问人们有什么想法，并将其反馈为客观现实。

第一版《购物心理学》的问世带来了许多机会，可以向世界各地的不同组织介绍市场调查。不过，许多从事市场调查工作的职业人士质疑了我的论点：既然我说询问人们的想法属于无用功，那为什么有这么多组织依然在做市场调查呢？

这个问题很好：不是因为它很难回答，而是因为它揭示了询问者思维过程的本质。如此一来，它说明了促成顾客购物的潜意识影响的一个方面（不仅仅是市场调查购物行为）：我们有能力跟踪周围的人在做什么，并调整自己的行为，却没有意识到自己也在这么做。

从别人的行为中吸取教训的好处是相当大的。想象一下，如果你做的每一个选择都必须是详细分析的结果，那么，你的生活将有多累，压力将有多大。也许最重要的是，你会经常发现自己处于一个信息不足的境地。我经常引用那个从灌木上摘浆果的例子：如果你从未见过这样的浆果，你最好小心一点。然而，如果你刚刚看到 20 个像你一样的人毫不担心地吃下一个这样的浆果，那你就无须再犹疑不决了。

我们总是倾向于相信：别人都知道自己在做什么以及为什么这么做是"好事"。这种想法的不足之处在于，很多时候，我们会执着于一个不值得坚守的观念。事实上，历史表明，人类有相当大的能力去认同那些总有一天会被证明是谬论的想法，比如，地球是宇宙的中心；根据行星的位置可以预测未来；有一个掌管公共下水道的女神，等等。换句话说，流行的东西并不意味着它本质上就是正确的。然而，因为我们可以更快捷、更安全、更有社会凝聚力地把我们的决定建立在我们看到周围的人所做的事情上，所以，我们将继续这样做。

现在，回到浪费性的市场调查上来，仅仅因为其他组织询问顾客很多问题，并不意味着这样做就能产生准确的见解。同样的道理，公司不应该因为自己拥有的产品或服务在技术上优于竞争对手，就认为自己的职责就是告诉人们：事实存在且更好。相对而言，我们的行为很少是意识思维的结果。这不仅适用于顾客对产品的选择，也同样适用于市场调查技能的选择。从意识的角度来考虑，行为的真正驱动力极有可能被忽视。幸运的是，心理学研究帮助我们理解为什么有意识的思维在顾客行为方面没有那么重要，同时，它也强调了什么才是重要因素。

越来越多的组织深刻地认识到，人们所说的话并不可靠，于是，转而采用实验性的方法去理解什么会改变人们的行为。"行为经济学"（behavioral economics）和"行为洞察法"（behavioral insight），这两个术语被引用的频率比两年前要频繁得多，越来越多的书籍开始关注这些话题的不同方面，本书就是其中之一。

举个例子，英国政府成立了一个行为观察小组（Behavioural Insights Team），专门从行为心理学和现场测试的应用中吸取教训，我提倡将其作为市场调查的替代品。虽然它的目标是鼓励、授权和支持人们为自己做出更好的选择，而不是销售更多的特定产品，但这些原则是完全一样的。通过运用心理杠杆（psychological levers）来改变人们处理信息的方式，政府已经证明了理解驱动行为的真正因素的重要性。例如，并不是每个收到罚款的人都乐意按时支付，处理拒付的最终选择是呈报法警人员，他们会派人去没收欠款人的财产，然后卖掉财产，收回欠款。这是一个代价高昂且效率低下的漫长过程。然而，要求欠款人支付的信件可以得到 5% 的回复率，但现场试验发现，发送短信会使回复率增加四倍。发送短信、提及这个人的名字，并警告说法警会来，33% 的人会付钱。据保守估计，如果这项试验在全国范围内推广，每年将节省约 3000 万英镑。

然而，几百万英镑的罚款仅仅是冰山一角。还有其他的问题，比如按时交税、缴纳养老金，或者登记捐赠器官，都可能被错误地认为是个人偏好的问题。这意味着，无论如何提出问题，都会以同样的方式表达。相反，实验表明，利用社会认同（或社会准则）每年可以节省 2500 万英镑。在相对较短的时间里，行为观察小组已经存在，它已经证明了在长期内至少可以节省 1亿英镑的效果。当你得知该小组的成本是每年 52 万英镑时，问题不是"我们应该这样做吗？"而应是"我们怎样才能做得更多？"

很长一段时间以来，我们一直认为，人们有一个预先设定好的客观反应，我们征求意见或者要求答复的时候，他们就会给出反应。但是，正如上面例子所说明的那样，也正如本书讨论的内容所揭示的那样，并不存在固定不变的客观性。

作为人，也作为购物者，我们的思想是高度可塑的。有时候，这种不一致性很容易暴露出来；但是，即便当稍有怀疑的眼神会质疑正在汇报的是不是可靠意见时，我经常看到人们被引用统计的数字命理学所诱惑。

旨在衡量公众对 2012 年伦敦奥运会体育场命运的看法而进行的民意调查发现，绝大多数人支持两家主要足球俱乐部中的一家进行申请，这两家足球俱乐部都争着要在奥运会后入驻该体育场。当时，媒体辩论的焦点是奥运会组织者承诺在体育场保留一条跑道。西汉姆联足球俱乐部（West Ham United）曾承诺要保留跑道；它的劲敌托特纳姆热刺足球俱乐部（Tottenham Hostpur）则要拆除跑道。一项民意调查显示，70% 的人认为西汉姆联俱乐部会竞标成功（这是对"做对的事"的非常英国化的反应）。然而，另一个问题是，这个体育场应该用来做什么，结果发现只有 4% 的人希望体育场用于足球、田径和音乐会，这也是西汉姆联俱乐部的提议。[7] 因此，调查所揭示的一切都是对"感觉对的事"的非常糟糕的反应，不管你意识到了什么，或可以接触到什么事实。

有一些问题，人们可以回答得合理可靠，但它们所处的领域要比市场调查行业一直愿意承认或充分了解的领域狭窄得多。

除了与那些信念受到挑战的市场调查者之间通常毫无结果的对话之外，我还与企业家和不那么教条的商人进行了安抚性的讨论，他们告诉我，我为他们节省了时间和精力。一名经理正在阅读《购物心理学》，他的一个研究项目正在进行中，包含了 20 个焦点小组。他越来越担心受访者所说的是调查过程的结果，而并没有反映公司为新产品所应采取的发展方向。他意识到，受访者被要求去做的前期工作和他们被问到的前几个问题都具有强大的影响力，于是，他让主持人改变第一个问题，然后看着评论朝着完全不同的方向发展。尽管有人试图从该项目的投资中挽回一些有价值的东西，但是，与其主动将这几十万甚至几百万本身就是漏洞百出的项目投入市场，还不如将这5万英镑调查费一笔勾销。

另一个例子是著名的"苹果公司1984年的超级碗广告"（Apple 1984 Super Bowl）。当这则广告被展示给史蒂夫·乔布斯和苹果董事会的其他成员时，他们拒绝了，因为他们觉得这则广告没有以他们认为必要的严肃态度来描述苹果公司及其产品。一场小组座谈证实了董事会的观点，即这则广告不好。然而，由于唯一的选择是注销一个百万美元的广告位，乔布斯不顾其他董事的反对，决定发布这则广告。结果，这则广告名声大震，风靡了整个美国，并替苹果公司创造了数百万美元的销售额。[8]

我还了解到其他一些误导或者完全错误的市场调查的例子。当安海斯-布希公司（Anheuser-Busch）考虑在英国推出百威啤酒时，有个人参加了该公司举办的小组座谈，我很喜欢他带来的一则轶事。他告诉我，人们对百威啤酒的反馈是："它很稀薄，满是水，喝起来就像亲吻妹妹的脸。这不是男子汉的饮料。"这种情绪化的语言铭刻在这个讲故事的人的脑海中。显然，一个消费了这么多味道平淡的常温啤酒的国家对嘶嘶冒气泡的冷藏啤酒没有兴趣。不管怎样，奥格斯特-布什三世（August Busch Ⅲ）选择了无视该次调查，自那以后，该产品在英国的成功销售完全证明了这一决定的正确性。

然而，本书并不是要挑选失败项目的例子来指出市场调查的不足之处，尽管一些故事毫无疑问是有趣的（除非你负责相关的市场调查）。我是要讲述人类的本质如何，以及为什么我们的大脑让我们按照自己的行为行事。

要理解顾客，并最终理解我们自己，我们需要接受这样一个事实：潜意识正在主导我们缺乏直接询问所需资金的过程。然而，正如英国政府的行为观察小组所证明的那样，我们可以看到这些过程的后果，并发现对顾客有吸引力和有价值的见解，而途径是应用一种基于行为的方法，利用我们从行为心理学中学到的东西，质疑人们能够理解并揭示自己的思维过程的看法。

菲利普·格雷夫斯

如果我问顾客想要什么，他们应该会说要一匹更快的马。

——亨利·福特

这就好像反思我们行动的原因可以促使我们在行动后评估为什么要在做这些事情时，加入迷途性的、误导性的、非最优的信息。我们变得不那么忠于自己，也不那么忠于最初导致我们行为的潜意识现实。

——丹尼尔·韦格纳

即使我们改变了主意，我们也没有意识到自己改变了主意。而大多数人在改变主意之后，都会重建他们过去的观点——他们相信自己一直都是这么想的。

——丹尼尔·卡尼曼

前言
如何更好地了解顾客行为

在 20 世纪 50 年代的媒体和广告热潮中，市场调查开始崭露头角。当时，想知道是谁在听或在看某个节目，逐渐演变成想知道这些人在想什么，这是可以理解的。"这看来很管用"，这些新的市场调查者认为，"如果我们问顾客，他们会告诉我们：他们想要什么，他们喜欢什么，以及他们思考什么。我们所要做的就是按他们说的去做。"你们可以看到，当高压之下的高管们听到公司的决策制定会变得容易得多时，他们会有多感激。

要么让几百人完成一份调查问卷，要么让更少的人接受真正的拷问。这个理论认为，通过这种方式可以获得有用又可靠的见解。但我们是否正在错误的地方寻找答案呢？毕竟，这并不是人们第一次被"方便的解决方案"所诱惑，可后来发现事实并非如此。

我们有可能把信念放错地方的例子并不难找到。如果某件事看似可信，让我们印象深刻，符合我们的想法，或者被人成功地灌输给我们，那么，我们愿意把它当作真理。更复杂的是，科学和信念之间的界限常常模糊不清：可靠的科学元素混杂着一厢情愿的如意算盘，创造出的现实夹杂着痴心妄想的诱人鸡尾酒。占星家们在正统的天文学之上装饰着一层虚假的未来学，以"帮助"人们为自己的生活做决定。例如，南希·里根（Nancy Reagan）"帮助"总统丈夫管理国家。但是，这种伪科学，尽管乔装打扮，却依然与其他非科学信念一样不可靠和不可复验。当占星家的预测得到客观评价时，显然，只能把发生的一切事情都归功于它的倡导者所提出的神秘力量了。

那么，市场调查在科学领域处于什么位置呢？民意调查、小组座谈、深度访谈、追踪品牌目标用户、客户满意度调查问卷、在线调查等，都经过了科学证实，还是仅仅基于信念？你可能会惊讶地发现，任何市场调查在询问人们想什么，做了什么，将来喜欢什么时，都是基于信念的。市场调查是一门伪科学。事实上，它就是购物心理学，因为支持它的信念是错误的。

关于市场调查哪里出错了，有许多说法。像百利甜酒（Baileys liqueur）这样的产品曾经被顾客拒之门外，后来却因为一位高级经理的直觉而推出。像最初的克莱斯勒面包车（Chrysler minivan）和康柏电脑网络服务器（Compaq's PC network servers）这样的创新概念，虽然最初不被顾客所接受，但最终还是被开发出来了，因为公司里有人意识到它们将会改变人们生活的某个方面。像"喜力（Heineken）带给你其他啤酒无法企及的清爽感觉"这样的广告……该调查的受访者表示，他们不喜欢这个广告，但是，当有人说服公司无论如何也要使用该广告时，它便取得了巨大的成功。英国广播公司的部分许可费应该怎么办？不同的民意调查，显示的结论不同：一个结论是66%的人支持政府的首选方案，另一个结论是只有6%的人支持！

在过去的几十年里，我们已经开始从科学中深入了解人们的思考方式。神经科学家可以在不同的脑力和体力活动中看到大脑的哪些区域参与其中，心理学家已经测试了各种刺激和互动如何改变人们的行为。他们的工作有助于解释一些营销专家一段时间以来凭直觉就知道的事情：成功的营销必须与情感联系起来。正如你们将在第二章中看到的那样，在我们意识到自己的行为之前，有几个因素会影响我们的感觉；即便在行动之后，我们仍然不知道这些因素是如何影响我们的行为。心理学和神经科学已经发现，我们都不善于解释自己的行为，因为我们无法预测我们想要什么或者我们将来会做什么。正如弗吉尼亚大学的心理学教授蒂莫西·威尔逊（Timothy D. Wilson）写过一本书的标题那样——《我们是自己的陌生人》（*Strangers to Ourselves*）。我们可能会受到影响，却没有意识到自己的思想已经改变，这种方法虽然有点令人不安，但如果理解人们的想法对你来说很重要，那么，它会告诉你需要什么以及为什么调查过程往往是其自身不准确的原因。

市场调查在半个世纪中迅速发展。在美国，这个市场价值超过110亿美元，而在英国，每年消费超过13亿美元。英国卫生部（UK Department of Health）仅仅发起一项研究就得耗资超过1100万英镑![1] 数字命理学的统计和市场调查提供的明显一致性的反应，已经吸引了企业。用于汇总数据集的统计技术既高效简练，又经得起科学论证，给了人们很大的信心；毕竟，没有什么比一个数字更明确的了。当这个数字被翻了几倍，或者当被深入采访的人群达成了明确的共识时，感觉就像是揭开了什么真相一样。但是，当总结出的答案为虚假信息时，由此生成的统计信息就无关紧要了。是的，重复的研究可能会产生相似的结果，但这并不意味着最初的结果是准确的。人们对持续执行的提问过程的反应是相似的，这个事实只是告诉我们，这项调查的因果关系是一致的。

正如市场调查行业的规模所显示的那样，有很多公司乐于兜售它们询问顾客想法的特定版本，还有很多组织想为它们感受到的保障买单。正如曾在几家蓝筹公司担任高级营销职务的蒂姆·杜威（Tim Dewey）所言："人们使用不同的调查阶段，所以，如果这一项目不成功，他们可以说：'看看我有多认真。我做了尽职调查。'根据我的经验，这可以归结为组织文化；在害怕失败的地方，可以利用调查去避免为失败的项目承担责任。"再加上，我们可以有选择地收集证据来支持我们想要相信的东西，于是，你们开始明白市场调查为什么会蓬勃发展，尽管很多调查者亲身体验过失望的滋味。

我们很多人都很乐意嘲笑别人的极端迷信——在最后可能的时刻穿上队服，按照特定的顺序穿鞋，发球后用同样的网球——它们揭示出人类愿意坚持我们相信曾经帮助过自己的东西。[2] 正如德伦·布朗（Derren Brown）在他的《心灵诡计》（*Tricks of the Mind*）一书中所指出的那样，我们设法使自己的行动似乎对某些事件产生影响，即使这些事件不仅没有这样做的合理基础，而且尽管当我们采取了这些行动却没有达到自己所期望的结果时，我们也无视这些事件的多次发生。[3]

市场调查也是如此。当调查报告的发现与积极的结果相一致时，就会证明这个过程是值得的，并对所选课程做出了积极的贡献。因为我们确信每个人都能准确地报告自己做了什么，想了什么以及将要做什么，任何情况下，当调查结果远离目标的时候，就会迅速被认为是一种反常现象，或者是一个合法过程的腐败结果。这种相信意识会驱动我们行动的能力，是人类生存的基本要素。因此，提问的方法不太可能带来真知灼见，也不太可能让人们相信。

市场调查的基本原则是，你可以提问别人，他们的回答也会是正确的。然而，正如你看到的那样，这在很大程度上是毫无根据的。事实上，结果证明，相反的情况更接近事实。当我们提问别人时，他们不太可能告诉我们真相；邀请一场"讨论"，也好不了多少。有意识的头脑发现，人们几乎无法抗拒地歪曲事件。从我们做任何事情的那一刻起，它就会带来扭曲；当大脑考虑未来的时候，它会以一种既乐观，同时又缺乏对过去任何客观评价的理想主义来实现这一点。

在我看来，这种特殊迷信的最大威胁并不是浪费金钱或推卸责任，而是我们做出正确决定的能力。正如有人曾经说过的那样，只有在你没有从错误中吸取教训的情况下，才能称之为真正的错误。当你允许市场调查进入决策过程，当这项调查像社会心理学和神经科学一样被证实存在缺陷时，我们就失去了"吃一堑长一智"的能力。这项调查在制衡局面中插入了错误的事实——人们的想法——从而腐蚀了组织的学习过程。这项调查告诉我们，介于最初的想法和亏损计划之间的某个地方，我们"知道"一些市场的看法。因此，人们倾向于另寻替罪羊。随着向大型组织提供信息的复杂过程，其他潜在的罪魁祸首总是近在咫尺，而且很多时候，所有的调查都逃脱了公众监督。

有一种方法可以更深入地了解顾客，并做出更明智的决定。当哲学家马克·罗兰兹（Mark Rowlands）回忆他与狼共同生活的岁月时，他得出的结论是，人类实际上已经丧失了珍惜当下的能力，因此我们沉湎于过去，且困惑于未来。他看到这个问题的原因是，我们都希望自己的生命有意义，却无法理解它们是如何做到的。在寻找意义的过程中，我们错过了当下。[4] 说到市场调查，我认为存在同样的情况：是什么驱使我们去质疑"为什么"和"将会怎样"，而这些却阻碍了我们对当下的充分认识。在做出顾客行为的那一刻，我们有最好的机会去了解正在发生的事情。正是在那一刻，我们才能理解环境和他人的存在如何改变顾客的所作所为。这些要素的揭露，也许正好说明小组座谈是调查者军械库中最弄巧成拙的武器。

市场调查行业在接受人类意识的本质方面进展缓慢。在《情绪化的大脑》（The Emotional Brain）一书中，神经科学家约瑟夫·勒杜（Joseph LeDoux）描绘了大脑在不同层次上的功能，并解释了"大脑在一种情绪中所做的事情有多少是发生在意识知觉（conscious awareness）之外"。[5] 正如心理学家科迪莉亚·法恩（Cordelia Fine）在《大脑里的 8 个骗子》（A Mind of Its Own）一书的副标题说的那样，我们的大脑一直在扭曲和欺骗我们。[6] 马尔科姆·格拉德威尔（Malcolm Gladwell）在《瞬间决策》（Blink）一书中问道："如果我们停止用双筒望远镜环视全球，用最强大的显微镜检查我们自己的决策和行为，会怎样呢？"[7] 他的结论是："我们最终会拥有一个不一样的、更美好的世界。"

本书解释了为什么我们需要将格拉德威尔的显微镜类比应用于顾客，以及如何去实施。它概述了为什么科学审查首先要针对的是了解顾客本身，而不仅仅是总结顾客观点的过程。它揭示了顾客行为的驱动因素，真正了解客户的方法，以及根据第八章中的 AFECT 标准，决策者对任何"顾客洞察"

（consumer insight）的重视程度。AFECT 标准说明了为什么不应该仅仅根据参与研究的人员数量或代表性来评判自信心。市场调查的最终目标是值得称赞的：一个组织越了解它的客户，它就越有可能做出明智的决定。只是这种方法弄巧成拙了。

你们会发现，重要的不是顾客说什么，而是他们做什么，以及他们为什么要这么做。通用汽车公司（General Motors）在开发 Signum 型车时，本应欣然接受这一理念：Signum 型车的设计理念是后座乘客的舒适度。这款车拥有更大的后伸腿空间，可以调节的后座，还有一只可选包，里面有一个电源插座、一个冰箱和各种存储隔间，供坐在后面的乘客使用。通用汽车公司于 2003 年推出了这款车。然而，正如《疯狂汽车秀》（*Top Gear*）的主持人杰里米·克拉克森（Jeremy Clarkson）花 1 小时观看英国高速公路上的汽车行驶景象所展示的那样，只有四辆车可以容纳后座乘客，尽管他尽了最大的努力使用长柄园艺工具，但坐在豪华后座上开车，这并不现实。2008 年，通用汽车公司停止生产这款车。

可以说，作为一条重要的消费渠道，互联网的出现可以帮助许多企业摆脱对询问客户想法的依赖。如果拥有如此丰富有效的实时行为数据和更加简单的测试变通方法，就不需要询问人们的内心想法了，当这样的证词不准确的时候，应该立即显现出来。然而，总体趋势是市场调查更多，而不是更少。许多互联网零售商无法抗拒，包括一个弹出窗口，邀请访客完成一项简短的调查。从更广泛意义来看，通过电子邮件发送的轻松、快速和成本较低的问卷调查，创造了一种征集意见的新媒介。它充分说明了人们对市场调查的信心和力量，以及信众们可以轻易地忽略市场调查的不准确之处，而不是突出其缺点，以至于市场调查在网络上取得了成功。

现在是时候将伪消费学揭露为一种浪费和误导的消遣方式了，取而代之的是基于对人们思考和行为方式的真正理解的洞察力。

第一章

——

走进潜意识：

为什么我们无法解释自己的购买行为

新口味可乐（New Coke）的故事已经被载入了营销神话的史册。20 世纪80 年代初，可口可乐的主要竞争对手——百事可乐（Pepsi）——在抢占可口可乐的市场份额上取得了重大进展。它的攻击行动之一就是"百事挑战"。在那场著名的市场大战中，百事可乐公司进行了数千次"蒙目口味测试"，并公布了更多人喜欢百事可乐的事实。尽管可口可乐公司质疑这些结果，但其内部调查也得出了同样的结论：受邀品尝这两种可乐的顾客当中，57% 的人喜欢百事可乐。[1] 接着，可口可乐公司进行了广泛深入的研究，开发出了新口味可乐。新配方的口感更甜，成功地扭转了口味测试的结果：可口可乐以7 个百分点的优势击败百事可乐。鉴于这两家劲敌当时争夺的市场价值，可口可乐公司用于研发新配方的 400 万美元似乎花得很值。[2]

众所周知，新口味可乐的推出取代了传统的配方，可惜，这一壮举并没有大获全胜，还引发了公众的强烈反对，可口可乐公司还收到了大量投诉。在短短 3 个月内，新口味可乐就被召回，传统配方的可乐又被重新上架。

关于市场调查为什么具有误导性的话题，有关人士已经写了大量文章，提出的大多数论点也颇有道理。喝下一杯饮料与喝下一整罐饮料之间有着天壤之别：最初的甜蜜冲击可能会变得过于强烈腻烦，就像吃巧克力一样，吃下盒子里的第一块巧克力，你会感觉口味很棒，但如果一口气吃下 10 块巧克力，那么，最后一块巧克力可能会让你感到些许恶心。如果将产品与包装分开，那就等于去掉了品牌效应，这意味着，销售可口可乐只是提醒人们，棕色碳酸饮料继续存在，只要那个红白相间的商标存在的地方，你都可以买到可口可乐。

不过，据我所知，所有的分析和解释都无法从可口可乐的惨败中得出最终结论：出错的不仅仅是可口可乐新配方的广泛市场调查，事实上，此类的调查无一正确，这也绝非偶然。诚然，调查过程中存在技术缺陷，但也不代表理论化的补救措施就会产生更准确的答案。比如下列两种情况：一是给你一罐可乐（商标齐全），供你品饮；一是给你一箱可乐（商标齐全），让你在家里喝一个多月。两者可能会产生不同的答案，但也没必要证明给别人看。

然而，人们依然会保持这样的信念："当然，你可以询问他们，从而了解他们的想法，你只需要用正确的方式询问他们正确的问题。"市场调查行业肆无忌惮地继续着；企业仍然相信，在企业提问与顾客回答的互动交流中可以找到安慰，政客们可以通过民意测验或小组讨论来衡量公众的意见。关于产品开发问题，目前尚未研究出有依据的备选方案，因为商业世界和调查行业严重依赖市场调查带来的安慰，所以问题的关键更加具有挑战性：顾客行为是潜意识的副产品，而市场调查在本质上是一个有意识的过程。

新口味可乐事件让人们注意到，某些公司多么不了解潜意识的作用（在此期间的几十年里几乎没有变化）。大多数组织不了解顾客的行为，也不知道市场营销为何奏效以及如何会奏效（或者不奏效）。

潜意识是顾客行为的真正驱动力。在很大程度上，了解顾客就是了解潜意识如何运作的问题；这里的第一个障碍是，认识到我们在没有意识知觉的情况下如何频繁地做出反应。只要我们一直误认为自己是意识的主体，就会迎合这样的信念——我们可以询问别人的想法，并相信我们听到的回应。毕竟，我们喜欢对自己说：我们知道自己为什么要那样做，所以，别人也必须有能力那样做，不是吗？

潜意识心理的问题

大多数人会意识到这样的忘我时刻：他们一直开着车，没有意识，也没有知觉。这段旅程平淡无奇，他们没有任何意外或伤害，但他们不记得发生了什么，也不记得在驾驶过程中意识缺席了多久。请将这种体验与你第一次坐在车里，试图协调驾驶动作、踩下离合器、平衡离合器和加速器、换挡、定时松开手刹等动作进行对比。我仍然记得，我的驾驶教练在第三节课上避开了红绿灯，而我则努力同时抬高离合器并踩下油门。我们学习并掌握了一系列异常复杂的动作，以至于我们可以在没有意识思考的情况下完成它们。没有证据表明这是一种天生的技能：汽车仅仅出现了一个世纪左右，进化发展不可能如此迅速！

我曾经无意中证明了交通拥挤时驾车的微妙动作在不知不觉中被控制的程度。我对缓慢的车速感到厌倦，于是决定左脚踩刹车，而不是右脚踩刹车。我的右脚完全可以通过踩踏板来减缓汽车的速度，它知道要想让汽车平稳地停下来是多么困难。我的左脚，即便待在一个陌生的地方，显然也不能改变它踩下离合器的习惯动作，这是我越来越欣赏的一个动作，却需要一种更持久、更坚定的推动力。结果只能是紧急刹车。尽管这辆车不能以每小时 10 英里以上的速度行驶，但安全带的锁扣装置足以保护我的头，以免撞到挡风玻璃，而后面的人则很好奇到底发生了什么事！

潜意识不仅仅专注于身体动作。我们在很小的时候就开始学习包括复杂语法在内的语言技能，这需要用到我们大脑中的一个区域，它让我们知道句子的语病在哪里，例如，"我们赢了"，正确的英语句子是"We were winning"而不是"We was winning"。我们造句的时候，不用有意识地参考语法规则；但是许多人在没有了解这些语法规则的情况下会写病句，他们至少不懂这些单复数变化的表达规则。

当我们没有意识到自己在做什么时，会发生什么呢？我们如何做决定？我们可以多么准确地进行自我分析和汇报自己的行为呢？

如果这一现象不是交通问题所独有的，那又意味着什么呢？如果我们经常做一些事情却不知道自己在做什么，会怎样呢？如果我们在选择或消费产品时经常会出现这种情况，会怎样呢？如果潜意识在消费中扮演了一个角色，那么，询问顾客对品牌、产品或服务的看法，这会有多大用处呢？

我们身边经常会遇到这样的例子：潜意识和意识是如何表现得大不相同，以及它们对我们行为方式的贡献如何。潜意识的功能之一就是它能够屏蔽信息，使我们能够更有效地专注于一个领域。比如，一个有待开发意识潜能的两岁孩童总是喜欢在商店门口流连忘返（赶时间的父母都会有这种感觉）。

同样，一个母亲可能会在暴风雨中入睡，但如果她的孩子夜里咳嗽，她会立即醒来（父亲可能也会这样，但如果他们这样做了，也不会表现出来）；高尔夫球手可以在没有意识知觉的情况下打出最好的击球，却无法回忆起自己的身体在执行完美击球时所做的任何动作，他们无法复制任何一次击球动作，于是顿生挫败感。还有，我们在走路或跑步时，也不需要任何触发肌肉收缩复杂序列的意识感觉。

一个过程（或者该过程的任何一部分）越熟悉越有效，就越有可能被意识知觉之外的心理过程所驱动。一个美国顾客购买汽水的过程中有多少是潜意识的行为呢？他会在每天或每周都有人光顾的商店货架的同一地点选择同样的品牌包装——有一种强烈的观点认为，购买往往就像开车一样，有时会在没有意识参与的情况下顺利进行。

由于进化的原因，我们开始有能力自动做出这样的决定。没有必要去看每个包装，仔细检查配料表，并质疑这种体验是否积极。就像吃同一种灌木上结出的独特浆果并没有毒死我们或我们目睹过在那里吃浆果的其他人一样，我们"知道"，特定的饮料会幸免于我们最初的谨慎刻意的遭遇战，现在，当我们经过的时候，可以随手取下一罐饮料，然后把注意力转移到别处（我们刚刚看到自己想要的太阳躺椅在下一个走道里有售，或者确保我们不会被剑齿虎吃掉）。按照进化论原则，我们很容易想象，那些可以在潜意识的心理过程中有效地自动完成更平凡任务的人们将如何成功。

企业经常花费大量的金钱调查顾客对它们的看法。但具有讽刺意味的是，一个品牌能够取得的最大成功就是人们在没有思考的情况下就会选中它：当它已然成为一个人欲望的代名词时，潜意识就会抢在意识参与思考之前给出答案。

但是，如何理解潜意识的想法呢？稍后我会另行解释，答案来自于人们的行为。然而，由于询问别人的想法确实方便很多，因此，我首先要告知大家，人们的确无法以有意识的方式准确地解释他们的行为、思想和感觉。

我们并不确定自己知道什么

我们的意识和潜意识是多么的脱节，这一点很容易证明。如果我给你一张 10 美元的钞票，你会不会相信你手里拿的是一张 10 美元的钞票，而不是我在花园小棚屋里非法制造的假钞呢？我的猜测是，你会坚定地相信自己可以准确地鉴别真假，因为真钞和假钞有着天壤之别，特别是当假钞出自于没有制钞经验或没有假币设备的造假者之手时。当你把一张 10 美元的钞票当作零钱递给我时，我相信，粗略地看一眼就足以告诉你，你手里有一张真钞，因为我相信你总是对的。然而，如果我让你向一个从未见过 10 美元钞票的人描述一下这张钞票的模样，让他"照葫芦画瓢"，我猜想，你的描述可能会失真。"英镑"和"10"字的颜色一样吗？"10"字出现在钞票的什么地方呢？出现过多少次？钞票编号有多少个数字？编号是垂直印刷的还是水平印刷的？有什么图片呢？这张钞票到底有多大？你的潜意识里有答案，但你的意识显然专注于其他事情！

你可以使用无数的日常用品来重复这个练习。许多人无法描述自己手表盘上的数字模样，尽管这些数字是他们每天都要查看很多次的东西，尽管他们在看手表的时候提取了关于时间的意识信息。

我的一个亲戚最近在他家附近的中心购物区被人拦下，应邀参加了一项关于啤酒的调查。他坐在电脑屏幕前答题：你买过什么牌子的啤酒？如果来到超市的货架前，他会清楚地知道自己会选择哪种产品，但是，他没有看到现成的商品（包括风格化的品牌名称），无法刺激他的潜意识，所以，他无法在意识孤立的状态下自觉想到"百威"这个品牌。他告诉我，他说出了自己能记住的另一个牌子的啤酒，而事实上，他当时说出的并不是他想买的啤酒。后来，他看到了百威啤酒的牌子，于是想起了他本该在那场调查中说的话。

我们都经历过这样的时刻：我们不能很好地掌握我们确信自己知道的东西。这是因为我们的大脑不会以绝对的方式存储我们从记忆中引用的信息。美国前国防部长唐纳德·拉姆斯菲尔德在其臭名昭著的《已知的已知》（*Known knows*）演讲中忘记了一点——在某一时刻，我们无法回忆起自己知道的某些事情。如果他还记得的话，他可能会称之为"未知的已知"（unknown knows）。调查人员使用核磁共振成像扫描来探索这种现象。他们要求参与者记住不合常理的单词配对，比如，"鳄鱼"（alligator）和"椅子"（chair），将这些配对单词放入一个句子中，然后扫描大脑的哪些区域是活跃的，测试参与者记忆单个单词的能力，这些单词有的他们见过，有的他们没见过。只有当第二个配对单词作为提示而出现时，大脑中的一个区域——海马体（hippocampus）——才会参与其中，这时，参与者能够更加详细地回忆起他们的句子。[3]

我们的潜意识拥有大量的数据，我们经常依靠这些数据来做决定，但我们没有直接地、有意识地进入这些过程。如果企业希望客户在调查中做出准确的反应，那就成问题了。让某人品尝一种产品的样品，似乎是一件完全合理的事情，询问他们对自己尝过的东西的看法也是一样合情合理。另一方面，正常的购买过程并不涉及这些元素，但涉及参考一组不同的心理联想（mental associations）——与温度、口渴、之前对产品的体验以及你发现自己所处的环境等因素有关。在这种情况下考虑口味测试结果时，所产生的任何结果似乎都不那么令人信服。

我们并不知道自己在做什么

最近，我应邀去调查一个新的电视剧节目为什么没有获得好的收视率。网络电视认为，这个节目本身的质量足以赢得众多的观众，但无法理解这个节目为什么没有更好的收视率。在意识层面上，观众似乎能接受这个节目：我采访了很多人，他们固执地认为，他们喜欢戏剧，喜欢看新节目，也对这部剧的主题感兴趣。我从事先收集到的信息中得知，节目播出时，这些人正在看电视，他们甚至使用包括这个节目的电子节目指南（electronic program guide）去选择这个节目。通常，他们对自己选择或之前看过的备选节目并不是特别感兴趣。这些受访者坚持认为，如果他们有机会观看新剧，他们就会看到并选择这部剧；因此，他们的结论是，这部剧并不存在，而且没有在当晚的节目中播出（尽管事实如此）。

据透露，这些观众只是浏览了电视节目单，根本没有登陆新节目。当他们使用这种反射性的心理过程时，潜意识可以非常快速地处理既定节目的标题——它们与之前丰富多彩的情感、故事和经验"交织"在一起——而在这种情况下，新标题基本上是抽象的。在其他一切相关且有效的标题中，对抽象的潜意识反应就是要忽略抽象元素。面对30~200个频道（取决于数字系统的类型），人们已经学会了快速浏览电视节目指南。从本质上说，为了提高效率，潜意识已经接手练习了如何选择电视节目，这与观看兴趣话题的新节目的明显有意识的愿望无关。

当一家电器零售商让我去调查其洗衣机票的设计时，我发现，更多的证据表明，作为顾客，人们愿意相信自己会做什么与实际发生了什么之间存在着差距。我问顾客，他们在购买这种设备之前会如何做决定。他们提供了一套合理的标准，通常与价格和一两个特定的产品功能（比如，旋转速度和负载能力）有关。每个人都希望购买过程简单明了。毕竟，他们已经拥有和使用洗衣机多年，已经习惯了使用洗衣机。然而，当我在商店里看到顾客时，很明显，即便是购买这样的日用品，也几乎不可能是理性消费的产物。

假设有 40 个白色的箱子，它们要么是洗衣机，要么从远处看就像洗衣机（从几英尺[1]远的地方观看，洗衣机和烘干机几乎无法区分）。每个产品都有一个信息标签，标签上有多达 20 项技术规格，以及更多的信息，比如，产品尺寸、配件和延长保修选项。任何客户都至少有 800 个数据点可以比较。假设他们可以用两个变量来巩固自己的选择，比如，自旋速度和价格，那么，他们依然还有 80 个数据点需要权衡！

按理说，对这一问题的合理回应是，拿起笔和纸，开始记录有关数据，然后设计一个电子表格，对这些数据进行比较，或者，至少从那些有能力进行这种比较的人那里寻求独立意见。然而，对洗衣机的真正需求，以及先前认为这样的购买应该很简单的信念，必须与购买洗衣机的实际任务所带来的意想不到的复杂混乱和扑朔迷离一较高下。通常这种认知失调（cognitive dissonance）并没有表现为一种理性认识，即购买洗衣机比预料要难；它以一种尴尬的感觉出现，就好像潜意识抛出了一个常见的"错误"信息。

那么，会发生什么呢？要么，潜意识会排除掉非常普通的选项，默认为熟悉的东西；要么，客户让别人（销售人员）为他们做决定；要么，他们为自己没有得到真正需要的产品而编造一个理由，然后一走了之。他们行动的最终理由可能极其牵强。我采访过的一位女性，她为自己的选择如此辩解："我决定买这个牌子的洗衣机，因为我妈妈已经用这个牌子好几年了，虽然我知道这个牌子已经不如以前好了。"我看到她花了几分钟的时间进行比较，

---

[1] 1 英尺≈0.3 米。

或者至少是试图比较几家厂商生产的价格相近的洗衣机，我感觉比较的过程太折磨人了。我怀疑她以前也经历过这样的困惑，她说，她想要看得更广，做出明智的选择，但是选项太多了，她真是受不了了。[4]

当我在她面前放了两张票据，问她认为哪款洗衣机更符合她的要求时，她改变了自己的决定，原本她选择的是"热点牌"（Hotpoint），现在改为"惠尔普"（Whirlpool）了。这就证实了我的理论，她之所以如此选择，更多的是因为"万里挑一"造成了她心理上的不适，而不是因为她心中理想化的洗衣机就是这样。

这个例子强调了意识和潜意识之间的另一种冲突。当你询问人们时，大多数人都说他们想要更多的选择。通常，人们选择在零售商店购买时，会有意识地考虑这个问题——"我要选择 X，因为它们的品种最多。"有选择余地是件好事情，不是吗？社会心理学家连格（Iyengar）和莱普（Lepper）进行了一项实验，证明了选择越多越迷茫的事实。[5]他们为了测试顾客的反应，在一家超市设立了两个果酱品尝柜台，其中一个柜台上提供 6 种果酱，另一个柜台则提供 24 种果酱。较大规模的展示吸引了更多的顾客（60%：40%）驻足选购，然而，提供较少选择的展示则带来了更多的销售，在提供 24 种选择的柜台上，只有 3% 的品尝者真正购买了果酱（在提供 6 种选择的柜台上，购买者高达 30%）。从另一个角度来说，如果你给他们一次选择的机会，只有不到 2%（60%×3%）的人会选择提供 24 种果酱的柜台，但会有 12%（40%×30%）的人选择只有 6 种果酱的柜台。

这项简单又实用的课题极好地说明了一点：某人认为自己想要的东西，或者说出自己想要的东西，这似乎合情合理，但是，出现疑问时，就可能与他们潜意识中真正重要的事情发生冲突。此时此刻，潜意识决定了接下来会发生什么。

谷歌（Google）的错误做法是：询问用户在使用搜索引擎之后希望在每

个页面上看到多少结果。人们以理性的方式回答理性的问题——如果你在寻找什么，当然，选择越多越好。然而，当谷歌将其提供的结果增加两倍时，却发现流量下降了。[6]

意识反应（conscious response）的本质在很大程度上反映了受访者的意识价值观以及他们对自己的看法，但很少能揭示过去是什么驱使了他们的行为，或者他们将来会做什么。例如，每年都有成千上万的人下定决心不暴饮暴食；他们会对自己最喜欢的牛仔裤的松紧度或医生的健康警告做出善意的意识反应。然而，只有一小部分人会养成新的饮食和运动习惯。这并不是因为他们有意识的意图不真诚，而是因为不管他们有意识的意图如何，因为特定的身体或情感刺激而引发进食冲动的潜意识驱力（unconscious drives）会切入并触发消费。最后，我们可能将其描述为习惯、情感或冲动的潜意识驱力，往往对行为的影响比有意识的意图要大得多。快餐公司经常推出顾客并不真正购买的健康产品，这并非巧合。在调查中，麦当劳（McDonald）的瘦身汉堡、肯德基（KFC）的去皮炸鸡和必胜客（Pizza Hut）的低热量比萨都吸引了顾客，但在餐馆里，这些产品都卖不出去。[7]

最后，有意识地猜测顾客的选择原因——在很大程度上，让新可乐故事成为一般研究的宝贵经验——结果反映了我们想把自己看作是有基本意识的生物的愿望。很难相信，人们不是因为喜欢某种饮料的味道而购买它，而且完全有理由认为，无论如何，找到他们更喜欢的口味，这是一个值得称赞的目标。但是，意识和潜意识之间的不可逾越的鸿沟，让这种做法基本上徒劳无功。让人们有意识地关注两种不同饮料的差别，从而产生优选项（稍后你们将会看到，即便产品相同，也会产生优选项），但是，当人们参与现实世界的购买决策时，潜意识的不经意间的客观诱因让这种有意识的猜测变得无关紧要。

所有这些都提出了一个问题：作为顾客，我们所做的到底有多少是潜意识驱动的？这就是故事变得令人神往或有点让人不安的地方，这取决于你如何看待它，而不依赖于人们自我解释能力的顾客洞察则变得尤为迫切。这也是重点所在：出现了哪些可以用来连接购物者潜意识的元素。传统的营销理论以满足顾客的需求为中心，而市场调查只能识别顾客意识到的需求。当我的电脑坏了的时候，我知道我需要一个替代品（至少我要用电脑写完这本书）。但是，绝大多数的产品并不是出于这种需要。通常，情感欲望驱使人们去消费，我们开始识别其中一些触发"想要"的感觉的元素。

引发购买欲望的潜在诱因

社会心理学家不断地探索我们没有意识到的方法、真正影响我们行为的因素，以及它与我们的自我认知不一致的程度。

最近的研究显示，太微弱的气味不易被察觉，但会影响我们的行为方式。我们的感官在不断地过滤信息，在这个过程中，感官做的很多，却很少引起我们的（意识）关注。美国芝加哥西北大学（Northwestern University）的李文（Wen Li）博士和同仁们进行了一项测试：让受试者反复嗅 3 种非常相似的气味（每只瓶子里装有一种气味），起初，受试者无法分辨。[8] 然后，他们看到了一张表情自然的面部图片。研究人员让他们辨别这张脸的微表情。结果发现，不同的气味会导致不同的面部反应，但受试者却没有意识到。我们的潜意识在收集数据方面很在行，但它不会让我们有意识地去关注这些问题——收集到的信息是什么？它有多重要？它如何影响我们接下来的工作？

在另一项研究中，调查者把一双新耐克跑鞋放在一个散发淡淡花香的房间里，把一双同样的新耐克跑鞋放在另一个没有香味的房间里。之后，84%的人说，他们更有可能购买有花香的房间里的那双鞋子。然而，另一项研究发现，将一种气味注入赌场的某个角落，则会导致人们在老虎机里多投入45%。[9]

我们的视觉感官也是如此：人们的反应会受到他们的眼睛所看到却没有意识到的东西的影响。[10] 巴奇（Bargh）和皮耶特罗·摩纳哥（Pietromonaco）进行了一项这样的研究：参与者应邀参加电脑屏幕上的一项练习，在这段时间里，一半的人看到了屏幕上的单词一闪而过，速度之快，超乎人们的意识知觉。[11] 这些单词与对抗有关（比如，"敌意""侮辱"和"不友善"）。在随后的一个看似无关的实验中，同一批人需要根据一个转折句对某人做出判断："一个推销员敲了敲门，但唐纳德拒绝让他进去。"那些见过屏幕上的敌意性单词的人，比那些没有看到这些单词的人更加确定唐纳德满怀敌意和不友好。

有证据表明，这种先入为主的观念植入甚至可以覆盖意识过程。美国华盛顿大学心理学系的研究人员西恩·德雷恩（Draine）和格林沃尔德（Greenwald）进行了一项实验：在屏幕上闪现一些单词，要求受试者快速判断这些单词是褒义还是贬义。甚至在意识知觉之下，他们也会更快地闪现出语义启动词（priming word），这些单词在意义上也有好坏之分。[12] 语义启动词和显词（overt word）被错误匹配时，调查者发现，人们经常会对他们所看到的单词的意思做出错误判断。虽然研究单个单词的影响是一回事，但经验证明，某些图像（尤其是与女性面孔相关的图片）可以影响人们随后的反应，因此，商店墙上的图片，广告中的女演员，微笑的女店员，或者女性调查记者，都可能改变顾客体验的结果。

商品上的价格标签也能引导期望值，改变人们实际体验事物的方式。加利福尼亚州的调查者发现，参与调查的受试者总是因为葡萄酒的价格较高而对其更加偏爱和支持。现在给受试者们同样的酒，但附上不同的购买价格信息，让他们评价自己喜欢这种酒的程度。虽然我们可能都认为自己的口味太挑剔了，不能只受价格的影响，但我们不应该如此肯定。调查者在实验中进行了脑部扫描，结果显示，当受试者被告知价格更高时，大脑中负责编码与味觉和气味相关的愉悦感的区域活跃程度有所提高。由于人们相信这种体验会更好（基于葡萄酒的经济背景，换句话说，就是它的价格），大脑的奖赏中枢就把它编码为"感觉更好"。[13]

其他研究也观察到了光线变化和温度差异所导致的始终不同的反应。浪漫的时刻通常与微弱的灯光和舒适的温度相伴相随；经验证明，这些同样的环境条件可以让人们对中性刺激的印象更好，难道这仅仅是巧合吗？

另外两项研究表明，我们对于是什么塑造了自己的反应，以及与潜意识相联系的市场营销的潜在回报，知之甚少。在伊利诺伊州的一家餐馆里，食客们在用餐时还会获赠一杯免费的葡萄酒。在不同情况下，实际使用的葡萄酒都是同样的（便宜）。然而，不同的酒瓶代表不同的葡萄酒品质。当人们认准某一瓶葡萄酒（纯粹从标签上看）品质更好时，也会认为与之匹配的食物更美味，并且会吃得更多。在另一项研究中，研究人员让受试者品尝他们认为（从包装上看）来自优越地区的葡萄酒，结果，受试者对葡萄酒的评价高出85%，对食物的评价高出50%。[14] 如果两周后在当地的商业街采访这些人，有多少人会说"我喜欢这顿饭，是因为葡萄酒看起来很棒"？

不幸的是（对于顾客调查来说），所有这些研究都很有趣，因为参与者不能将他们的反应和行为归因于实验者操纵的变量。人们的所见所闻所感，影响着他们的行为，但他们无法解释到底发生了什么，以及如何影响了他们。然而，我们对自我理解的无能为力，并不能阻止我们在调查中回答问题。

当然，所有这些潜意识过程的元素都存在于每一个顾客的体验中。我们不会在无菌实验室里购买商品，因为那里只有白花花的墙壁，而没有嗅得到的气味和看得见的产品。所有形式的市场营销，都是围绕着相关产品而进行的。然而，正如任何一个没有经历销量飙升的品牌都会见证的那样，市场营销是一件非常需要碰运气的事。恰恰是因为这种成功游离于所需的意识知觉之外，意识评估（conscious appraisal）才是这出戏的导演。掌握产品周围的所有元素，可以让我们感受到"欲望"，最终可能会有意识地表达和解释这种欲望。事实上，在大多数研究中，对可能发生的潜意识影响的意识知觉完全否定了这些影响。你要灵活利用潜意识影响，这是一回事；但是，潜意识影响的受众永远无法亲口承认潜意识正在起的作用，你要接受这个事实，这是另一回事。

学会忽略"顾客的呼声"

上一节的实验中提到，人们无法准确地解释影响自己行为的因素，但这并不能阻止他们找借口去解释他们所做的事情，至少表面看来是这样。

有意识的头脑是一种强大的工具，为了让我们放心，它能熟练地将我们的行为包装在一种适合我们对自己的感知的表象之下。一般来说，人们认为自己的行动是自发的、善意的、明智的行为。这种虚构的程度会有所不同，但其能力十分明显，顾客调查至少必须注意到这样一个事实：在调查中获得的有主见的、构思良好的和合乎逻辑的回答是由受访者们人为设置的。

德国精神病学家阿尔伯特·莫尔（Albert Moll）[15] 指出了这种人为设置的一个极端例子。他先对一个男人进行催眠，再让这个男人从窗口拿出一个花盆，用一块布把花盆包起来，放在沙发上，然后向它鞠躬三次。最后，莫尔问这个男人为什么这样做，后者回答说：

你知道，当我醒来看到花盆在那里时，我想，因为外面相当冷，最好给花盆加点温，否则花会冻死。所以，我用布把它包起来，然后我又想，因为沙发靠近火炉，于是把花盆放在沙发上。我鞠躬，是因为我为自己有这样一个好主意而感到高兴。

这个男人并不认为他的行为很愚蠢，而且对自我辩解感到满意。

最近，弗吉尼亚大学心理学教授蒂莫西·威尔逊举了一个例子。他与理查德·尼斯贝特（Richard Nisbett）共同进行了一项研究。在这项研究中，他们设立了四双连裤袜（长筒袜）的"顾客评价"（Consumer Evaluation）活动。受访者必须说出他们认为哪双连裤袜的质量最好，并解释他们选择了那双连裤袜的原因。[16] 结果与心理学家的预期不谋而合：具有统计学意义的位置效应（position effect）——A. 12%；B. 17%；C. 30%；D. 40%。然而，人们给出的选择理由是参考了连裤袜的某个性能，比如，透明、针织或弹性。没有人会自然而然地提到这个位置影响了他们的偏好,尽管四双连裤袜都是一样的(几乎所有受访者都没有注意到这一点)。虽然大多数人都知道，在你提出备选方案时，需要仔细设计研究，以消除任何顺序效应（order effect），但这里的关键问题是，当备选方案不存在时，人们会在研究中捏造偏好的理由！

在第二项研究中，这些调查者在调查噪音对电影享受的影响时，强调了更多的证据表明存在错误归因（misattribution）的可能性。[17] 大学生应邀观看一场电影，而有人在房间外断断续续地操作电锯。实验进行到一半时，这个"工人"被公开要求停止制造噪音，从而引起在场每个人的刻意关注。这些学生评价了自己对这部电影的享受程度，另一组学生也观看了同一部电影，只是没有受到外界干扰。我们有充分的理由相信，那些在噪音背景中观看这部电影的人对这部电影不会太享受。事实上，这正是调查者所预期的结果，也正是那些参与者所声称的情况。然而，他们对这部电影的享受程度与那些完全没有被噪音所干扰的人没什么不同。

正如丹尼尔·韦格纳（Daniel Wegner）在《意识意志的错觉》（*The Illusion of Conscious Will*）一书中观察的那样：

我们所做的许多事情似乎都来自于潜意识的影响，而这种因果关系对我们的意识媒介理念提出了一个重大挑战。当生活创造了所有不可避免的情况——我们发现自己的行为没有适当的优先意识——我们必须试着理解自己的行为，从而保护意识意志的错觉。[18]

在神经科学的前沿领域，潜意识过程的超前性是一个非常重要的问题，但这项技术已经开始提供一种洞察力。最近，使用复杂的脑成像技术的研究人员发现，他们可以准确地预测一个人在做出有意选择之前的 10 秒钟会做出的"自由"选择。对于在处理层次结构的过程中关注我们自己做出的决定，似乎还要走一段漫长的路，这是我们没有意识到的过程的结果。[19]

爱荷华大学（University of Iowa）神经学教授安东尼奥•达马西奥（Antonio Damasio）描述了他对一个名叫大卫的患者进行的一项研究。[20]大卫有着严重的学习和记忆缺陷，他的两个颞叶都受到了严重的损伤，无法了解任何新情况，无法辨认任何人，也无法回忆起别人的外貌、声音或可能说过的任何话语。为了探究大脑是否需要意识和情感之间的联系，达马西奥创造了这样一种情境：大卫在几天内经历了三种截然不同的互动方式，分别来自三个不同的人：一个一贯积极、一个不动声色、一个不愉快。后来，大卫看到了一组照片，每张照片里有一个和他互动过的人。达马西奥问大卫，他会找谁帮忙，谁是他的朋友。尽管大卫不记得曾经见过这些人，也不记得他们的任何事情，但他选择的方式证明了他吸收了前一天的经验，只是无法为自己的选择提供任何依据。这个极端的例子进一步支持了这样的观点：我们不需要有意识的过程来进行有效行动。正如莫尔所展示的那样，当我们的意识功能正常工作时，我们就能熟练地为自己创造一个正当的理由。

我们的选择性注意力（selective attention）不断地屏蔽掉大量的信息，但是，正如我已经解释过的那样，这并不意味着这些信息没有被处理。恰恰相反：为了筛掉某个信息，我们必须首先接收它。巴奇和皮耶特罗•摩纳哥等人的研究表明，当我们没有有意识地去处理某个信息时，我们的潜意识会被穿过它的东西所改变，可我们却没有意识到这样的变化已经发生，当然也没有能力在事后进行准确的报告。

潜意识似乎是第一阶段模式的"检验器"。此处的"第一阶段"是指加工和连锁反应的第一阶段，有时甚至是唯一阶段。然而，由于人们无法直接访问它所使用的参考资料，顾客调查的受访者不太可能准确地报告它在决策过程中的作用。因此，调查提供的信息在意识层面上的反应绕过了一个关键的心理过程，这很可能会阻止人们承认它的存在。询问一个观众对一个电视新节目的标题有什么看法，这没什么意义——如果这个节目的标题中包含了他的潜意识会忽略的单词，并且在现实中做出选择的时候会过滤掉意识评估。

在工作中看到这种潜意识过滤（unconscious filter）的另一种（有点残忍）方式，就是询问那些完全被电视节目吸引的小孩。如果他们不回应一般的要求或问题，比如，"你的袜子在哪里，玛莎？"你可以试着用同样的语气问："洋娃娃德拉（玛莎最喜欢的玩具之一）在垃圾桶里吗？"瞬间，潜意识过滤会提醒你，危险就在眼前，电视的迷人魔力也被打破了。同样，可口可乐的一些顾客可能会被百事可乐宣扬的"味道优势"所吸引，但这并不意味着，从客户的既定行为中动摇整个客户群是明智之举。当人们熟悉的可乐罐设计发生变化，并发布配方改变的消息时，顾客最有可能的反应是专注于已经失去的东西，而不是可能获得新的东西。

这些潜意识过滤过程的实例及其对互联网零售商的影响随处可见。他们有能力进行小的改变，并随机分配访问者到不同版本的网站去观察其影响，结果发现，访问者的反应有很大的不同，而且销售可以通过看似偶然的变化来实现，当然也反映了设计的元素，我们永远不会认为这些元素对塑造我们自己的行为会产生影响：改变标题、变动消息的位置或在页面上使用不同的颜色，可以改变人们对表面上相同信息的反应。美国零售网站BabyAge.com以不同的布局进行了实验，这些布局与此品牌的网站现有的外观和感觉保持一致，结果发现，这一布局将22%的访问者变成了顾客。[21] 人们可能会认为，他们购买哪种营养补充品取决于它的成分和功效，但是，制造商Sytropin公司测试了一种信息丰富的医学主题，而不是一种关注人们在使用该产品后的生活主题，结果发现，50%的进入该医学主题页面的人会继续购买。[22]

虽然可能有人认为，对新可乐失败的分析过于简单，但我认为，这是源于人们的基本心理结构。正如我在下一章中所解释的那样，有一些心理特征是人们一贯表现出来的，这更有可能决定他们在面对新事物时的实际行为，而不是他们告诉自己或研究人员的任何事情。

事实上，顾客行为是复杂的大脑过程的反映，它驱动着所有的人类行为。而潜意识的"作用"远比大多数人愿意承认的要重要得多。正如你们将在本书中看到的那样，它决定了我们要做什么、如何做，以及为什么我们在一开始就这么做。在下一章中，我将讨论一下环境是如何戏剧性地改变人们的想法和行为的，如果不是因为社会心理学家和神经学家的研究结果，我们可能永远不会相信潜意识会影响我们的行为。

潜意识里有很多事情要做。它有能力处理来自五种感官的大量数据，具备快速反应的能力（相对于有意识的思维过程），以及触发大量复杂动作的方法。从我们可以学习驾驶汽车和掌握语言技能的方式来看，潜意识里肯定有学习新事物的能力。另一方面，它在塑造我们的行为方面的作用并不完美。因为我们无法访问潜意识的过程，所以，我们第一次意识到的时候就是当我们发现自己在做某事或说某事的时候。

大量的研究表明，潜意识以联想的方式工作。想象一下，当你按下红色方块按钮时，你就会触电；当你按下蓝色圆形按钮时，就会听到一首你最喜欢的歌曲。潜意识在红色按钮和触电疼痛之间建立了一种可以理解的联系，它将在未来保护你。下次看到一个貌似会电击你的红色按钮时，你按下它的可能性有多大呢？如果能清醒地认识到，相同的按钮在不同的位置可能不会有相同的效果，也许你就会克服不按红色按钮的欲望，但是，如果你想要克服这个欲望，它就会抢先出现，并需要你的主动干涉。

这可以作为有意识学习而不是潜意识联想的例子吗？相关测试表明，我们可以在意识到自己的潜意识所做的计算之前很好地检测各种模式并调整我们的行为。[23] 在一项研究中，参与者的面前摆着两副牌，他们要从其中一副扑克牌中进行挑选（其中一副牌对他们不利），他们呈现的生理信号表明，他们在能够预感哪一副牌更好之前，已经很好地区分了两副牌的风险 [皮肤导电反应（skin conductivity response）增强]。当他们选出第十张牌的时候，皮肤导电反应发生了变化，然而，直到选出 50 张牌的时候，这个预感才得到了验证。

你可能会想到这一点："哦，如果有人可以有意识地选择去克服不按红色按钮的愿望，那么，重要的就是他们有意识的思考。"当然是在大多数顾客场景中，人们不会挑战自己（或受到挑战）来违背自己的本能反应。相反，他们的感觉会被自身进行的潜意识的联想所触发，就像莫尔的催眠术一样，他们会寻找理由来证明这种感觉。

作家托马斯·肯尼利（Thomas Keneally）在讲述自己探索奥斯卡·辛德勒的故事 [这是他的著作《辛德勒方舟》（Schindler's Ark）和电影《辛德勒名单》（Schindler's List）的雏形] 中，描述了一个有力而感人的例子，说明潜意识的联想影响人们的行为。肯尼利在旅行采访被辛德勒保护的犹太人期间，收集了许多有趣而又悲惨的故事。他还在澳大利亚悉尼采访了一位事业成功和生活舒适的女人。她承认，无论何时，她离开家到任何地方旅行，手袋里都会带着一片面包。尽管她身体健康，生活富裕，尽管是 30 多年前发生的可怕往事让她产生了这些想法，但她从集中营的旅程中产生的潜意识联想仍然存在。无论旅途多么短暂和可以预测，她觉得必须带点什么东西去抵御饥饿。后来，肯尼利向住在纽约的一群也经历过同样创伤事件的犹太女人讲述了这个故事，其中几个女人打开了自己的手袋，她们也随身携带着面包。

我们不需要极端的经验来证明我们的行为是在潜意识中形成的。这些年来，我一直为制造商和零售商工作，其中一个因素比任何其他事情都更令人关注，并对任何一个时期的销售都产生了更大的影响：天气。天气决定了某些企业的销售额：当天气冷的时候，人们会买更多的汤；当天气热的时候，人们会买更多的碳酸饮料。当天气好的时候，他们宁愿做点别的事而不愿去购物；当天气寒冷又下雨的时候，他们会去一个灯火通明的地方买东西，这样会促进大脑血清素的释放，让他们感觉好点，从而振作起来。

不切实际的市场调查

我用新可乐公司发生的事情作为典型案例，来说明原来我们总是被意识错觉所驱动，这可能会误导公司的行为。可口可乐的高管们做出了一系列貌似合理的判断，并采取了看似合理的评估措施。有人打着这样的幌子建议说，方法问题是产品发布失败背后的原因，与其说是市场调查在理解顾客心理如何运作方面的根本失败，还不如归因于最后的调查结果。通过征求顾客意见可以减轻风险的想法是如此具有诱惑力，以至于数以百万计的英镑将被继续用于这项事业。然而，经常有报道称，超过 80% 的新产品发布会失败。[24]

最终，无论在寻求顾客洞察时多么不方便，期望顾客知道自己的想法都不切实际。仅仅因为我们从随机人群中得到貌似理性和一致的反应，并不能保证这些信息的准确性。

我们可以这样问："我们什么时候才能有意识地评估自己、自己的态度，甚至自己的喜好？"从人类生活中最重要的方面，比如我们爱的人、我们买的房子，到最小的决定，比如我们选择或购买的巧克力棒，意识的参与充其量只是一小部分：

- 我们掌握和引用的大部分信息都不是有意识的。

- 我们无法有意识地获取这些信息——我们无法描述自己如何知道那张纸币就是 10 英镑纸币。

- 行为越成熟和有规律，越有可能被潜意识的动力所控制。

- 当我们潜意识地驱使自己的行动时，未必知道或记住自己的行动。

- 在可能与我们的实际行为没有任何相似之处的事件发生后，这种不知情并不能阻止我们构建一个貌似合理的理由。

- 当时机到来时，有意识的大脑认为自己想要的东西很可能被潜意识思维的议程所困扰，此时此刻，习惯、情感和冲动很可能决定行为结果。

- 潜意识对决策进行筛选、过滤和分解的信息，对于有意识的大脑来说，是无法进行审计或报告的。因此，我们不能准确地确定在某一时刻是什么影响了我们。最终，我们相信（或愿意相信）影响我们选择的东西，未必就是真正发挥作用的东西。

任何顾客调查都是基于这样一种假设：顾客知道他们对某一特定主题的看法。从某种意义上说，这就表明了他们在消费时的行为方式，它犯了一个根本性的错误。

在过去的几年里，两位心理学教授（蒂莫西·威尔逊和丹尼尔·韦格纳）研究了意识和潜意识在人类行为中的作用，并发表了他们的研究成果。蒂莫西·威尔逊在《最熟悉的陌生人》（*Strangers to Ourselves*）和丹尼尔·韦格纳在《意识意志的错觉》中都有所记录；这些书名就可以恰当地体现他们的研究结论。意识和潜意识之间距离的证据就在我们身边，无论我们是否选择去找寻，这些例子都不胜枚举，比如，我们发现自己在说智言慧语，内心感到很高兴；又如，选秀之父西蒙·考威尔（Simon Cowell）告诉一位音盲选手，他不会唱歌，但他仍然相信自己会唱歌。

这并不意味着没有地方进行顾客调查，而是在某些方面有着重大分歧，比如，应该采取什么样的调查形式？对通过意识拷问而收集的调查结果应该抱有什么样的信念？最终，大多数调查方法并没有协调好有意识的评估过程和（至少）部分潜意识的评估过程之间的消费失衡。

具有讽刺意味的是，鉴于相关的顾客调查并没有考虑到这一点，可以说，大多数营销都在利用潜意识，的确，必须这样做才能有效。在很多顾客体验中，想要对所提供的一系列产品进行比较，这要么不现实，要么不可能。为了有效地运作，顾客依靠他们的潜意识来做决定。例如，在超市，一名购物者可能购买 50 或 100 种产品。想要合理评估每一种产品相对于其竞争对手的优点，这将会耗费大量时间。相反，我们依赖于清楚描述的（品牌）产品，这些产品具有与其相关的优先价值——最理想的是产品经历了个人体验，但也可能是拥有令人难忘或与众不同的声明。家净牌厕所消毒杀菌剂（Domestos）的广告语是"杀死所有细菌——必死无疑！"难道真的可以消灭一切细菌吗？有多少顾客会这样说呢？大概只有那些化学实验室才会这样说吧。宝马汽车（BMW）真的是"终极驾驶汽车"吗？这可能意味着，某种类型的司机在购买汽车时至少会考虑品牌。而且，关于开车是什么感觉的问题，没有任何有意义和可比性的统计数据，因此，这个已经发布的声明就潜移默化地取代了可以参考的亲身体验和感觉。

调查工作的一个基本问题来自于意识本身。人们总是可以在事后将其行为合理化，他们相信意识驱动自身的行为（即便不是），而且他们有意识的自我分析必定准确，那么，调查问题几乎可以保证得到答案。它们很可能提供令人放心的便利和一致的答案。他们甚至会提供一些可以在群体间进行对比的答案，让人们确信这些答案是正确的。然而，这种反应的一致性或貌似有意义的描述，可能绝对不会影响其潜在的准确性。当委托进行调查的企业按照自身行为，将其产品或沟通、修改品牌战略或新的定价（或其他）纳入现实世界时，他们很可能发现自己没有得到预期的反应。

虽然我们可以承认，有时候我们不知道自己在想什么或怎么想（比如开车），但也可以用这样一种观念来安慰自己：我们通过推理思考得知自己在那期间做了什么。问题是，正如我已经证明的那样，我们经常不知道是什么导致了自身的行为方式，尽管我们对事后合理化的错误信心使虚假的研究报告看起来很有说服力。在社会心理学中，这种错误归因有据可查，也有自己的标签——基本归因错误（fundamental attribution error），但这是你们在很多调查报告中应该听到却不曾听到的术语。很多时候，调查中引发的意识反应，无论是定性的还是定量的，都是人们自己的讹传。

所有的调查都没有意义吗？未必。人们谈论产品、品牌或服务时，很有可能在调查过程中说一些揭示基本消费真理的东西，应该在决策中予以考虑。但这是选择性判断的一种练习。很可能，事实上，更可能是受访者所说的结果，而不是总体抽样的集体观点或综合意见。从这个角度考虑，对于调查的方式，你可能选择的花费以及你应该给予"结果"的权重，都有着重大的意义。

第二章

——

洞察顾客：

为什么人们很难接受新事物

新可乐的故事中隐藏着理解顾客心理的答案，至少在某种程度上是这样的。我们怎么知道这项调查没有奏效，这个决定从根本上弄巧成拙了呢？因为产品推出，我们知道发生了什么。揭示新可乐不能代替原来产品的是现实，而不是抽象的意识评估。顾客投诉说，他们想要回原来的产品。当新可乐重新上市时，尽管调查机构声称其拥有味觉优势，市场份额却跌到了3%。

不可避免的是，有许多因素影响了顾客的反应，决定了新可乐必定不会成功：现在流行对变化持批判态度，媒体传播了不满情绪的信息，而市场营销也被形容为"拙劣且令人费解"。[1]然而，所有这些元素（且不说无数的其他元素）都有可能在各种抽象的调查研究和现实世界的购买时刻之间出现。

当然，现场试验不一定要在全国范围内进行。可以在某个商店的某个货架上交换一些产品，由下而上分为不同程度的测试。是的，可能包含或模拟的市场支持程度也许会受到试验规模的局限——举办电视广告宣传活动来推广单店试验是不现实的，而小批量生产的成本将会高得离谱。然而，我认为，捕捉真正的顾客反应的好处，尤其是潜意识的反应，大大超过了局限性。如果产品卖得不好，你仍然决定继续前进，至少你对营销挑战的规模有一些了解。

当涉及测试一个想法时，没有什么可以替代现场测试：在现实生活中测试一个概念，并从适当谨慎的距离观察发生了什么。如果你认为，一个想法可以用概念的形式表达出来，并呈现给一些（无论多或少）潜在的顾客，它的潜力也会得到精确的评估，那么，尽管你的想法可能很诱人，但基本上是不可能完成的任务。

因此，这里的挑战在于开发现场试验，以测试新的想法或备选方案。在线零售商尤其适合评估：当他们改变销售空间或产品组合的要素时，真正发生了什么。他们甚至可以创建对比测试，让客户随机地定向到多版本网站的某个版本，以便在最广泛的环境影响相同的情况下进行比较。

我怀疑，如果在顾客中做问卷调查，很多顾客会说他们想要在更少的产品中进行选购，或者，如果你把产品拿走，他们会说剩下的范围更大——这正是我的一个零售商客户发现的问题。当一类产品的视觉混乱减少时，人们很乐意花更长的时间去挑选，更容易区分出他们有潜在兴趣的产品，并鉴别出更多有价值的小众产品。

现场测试的另一个优点是，有些东西很奏效，但不是因为最初假设的原因。这一点常常令人惊讶。在这种情况下，最初的顾客调查拒绝的想法也许会奏效，因为该公司提出这一项目的理由没有得到很好的采纳，之前也没有考虑过意外的副产品。环境心理学家帕科·安德希尔（Paco Underhill）回忆了他应邀为一家软饮料生产商评估一种新的超市陈列品时的情景。当他到达商店时，这些产品刚刚被放在地板上的一大堆东西里，而不是像预想的那样堆放起来。安德希尔要求顺其自然地摆放这些产品，然后观察一天的顾客表现。结果发现，相比于公司的日常销售情况，这一天顾客对产品的关注要高得多。[2]

我自己的一位客户的新商店没有改变顾客的行为或产品意识，但我的观察促使营销总监思考这样的问题：另一家商店是不是已经无意中产生了一个成功的设计，而且，因为空间的局限性，它的设计与众不同。他想对了，那家商店成了未来整改的典范。

小公司的老板一直都在学习这种方式。作家兼商业顾问戴夫·拉克哈尼（Dave Lakhani）讲述了他在 20 世纪 90 年代拥有一家电脑零件店时的经历。通常情况下，他将不同的电脑零件分别放进不同的箱子，以便客户轻易找到他们想要的零件。但有一次，他上班太迟，无法对已经到达的零件进行分类，无法在顾客开始购物之前整理这些产品。他发现顾客们"疯了"，为了寻找他们想要的东西，竟然把混合零件的盒子翻了个底朝天。由于这些产品没有定价，他请求顾客提出一个自认为公平合理的价格，结果发现，他多收了至少 25%。[3]

当我在一家连锁餐厅的市场营销部门工作时，我被指定负责我们所储备的饮料范围。看了销售数据和成本价格，有一件事引人注目：我们卖的啤酒成本高出 15%，这导致了相应的低利润空间。我提议用相关产品取而代之，而且替代品必须价格更低；事实上，由于制造商急于获得分销，我们可以低价购买，价格低于我们销售的其他啤酒。不过，董事们都很焦虑。我提议放弃的啤酒是这个国家最受欢迎的品牌，因此，他们让我先和顾客一起调查这个变化。尽管我也负责顾客调查，但我认为，询问顾客是毫无意义的。我们要问什么呢？

"你想要你喜欢的啤酒缺货吗？"

"不。"似乎答案必然是否定的。

"如果你喜欢的啤酒缺货，你会怎么做？"

"去别的地方吧！"

这项调查很容易吓走企业，使其不敢做出我认为有利可图的决定。我看不出为什么有人会根据现有的啤酒来选择我们的餐厅。我说服公司在一个地区进行试验。当做出变革时，总销售额保持不变，而利润大幅增长，这是由于我们可以用更便宜的替代产品赚取更多利润的结果。不久之后，这种变革被推广到每家餐厅，没有任何不良影响。

现场测试的关键挑战是：当人们被心照不宣地鼓励去从潜意识转向有意识地考虑正在探索的任何事物时，我们要避免让顾客陷入正在测试的敏感内容的陷阱，从而避免引发随之而来的人为反应。即使在不可能不让员工参与测试的情况下，他们的敏感度是可以预料到的，也可以传递给客户，这种方法仍然比直接询问客户的想法更可取。另外，在维持现状的时候设置控制条件，员工的敏感程度——至少在他们意识到正在进行测量的范围内——可以被纳入试验。

重要的是，要仔细考虑现场试验的规模，特别是考虑到顾客行为的本质。

理性的观念是，人们可以意识到一种满足了他们需求的产品，而且，只要价格合适，他们就会买，但大多数时候都不是这样。如果你的产品与客户的互动相对孤立，例如在超市销售一罐豆子之类的食品，那么，进行单店试验是合理的。有很大一部分人经常在一家超市购物，在那家超市，他们把潜意识的"注意力"集中在罐装豆子上，实际上也购买了罐装豆子。另一方面，如果你的产品可以在别人在场时消费，比如饮料，那么，过了一段时间，在你参观的几家酒吧里看到该产品，被其他像你这样的人消费，会对你是否尝试该产品产生很大的影响。而且，一旦这种产品第一次被购买，如果顾客能够很容易地重复购买体验，说明该产品就有更大的机会获得更长期的成功。如果他们访问不同的渠道，退回到了替代产品的既定（潜意识的）购买行为，那么，他们不太可能会培养熟悉感和习惯化，从而频繁消费，以及随之而来的对新品牌的亲和力。

找到一种方法来测试产品、服务和营销传播理念，这是评估顾客反应的唯一可靠方法（没有全面推出）。当然，这可能会代价昂贵，而且可能仍然有理由说明它无法全面推出；例如，为了小型测试而复制大型广告活动，这在技术上不可能或在经济上不可行。然而，考虑到潜意识在顾客行为中的作用，环境（背景）和心态在应对中的重要性，在调查中询问人们对某件事的看法以及他们将来会做些什么的问题，以及自省或认为解构的扭曲，总之，现场测试提供了继续推出一些产品的下一个最佳选择。适当观察顾客对测试的反应，并与相关的现状进行比较，就有可能获得真知灼见。

以这种方式测试项目的挑战是相当大的，大多数公司几乎没有考虑如何适应这种情况，因为它们对市场调查提供替代产品持有一种错误的信心。然而，当你考虑到一些行业时，顾客调查失败的证据就显而易见了：图书和电脑游戏的出版商、制作电视节目的公司，以及电影产业，向市场投入了无数失败的产品。在推出产品和节约生产所需的一切时间和费用之前，难道不值得在顾客身上测试这些产品吗？当然值得！但是，出版商没有把他们收到的所有手稿转发给调查公司，以便在小组座谈上进行评估。当然这是有原因的：他们知道没有办法预测哪本书会成功，哪本书不会成功。

认识到调查的局限性和现场测试的好处，企业就有机会重新考虑如何开发项目，否则，就只能听任变幻莫测的市场调查了。目前，太多的组织将它们的项目匹配给一个轻易拒绝好想法或认可坏想法的调查过程。这些公司对所开发的东西负责，并找到其他方法来决定下一步的发展，不仅仅是对现有客户行为的敏锐观察，如此可以极大地增加成功的机会。当失败发生时，就有机会从失败中学习，并通过删除征求客户意见这一异常变量，更准确地确定业务开发流程的哪些方面导致了失败。

我提到过，许多大型企业的职能可以被看作是试图模仿企业家的"自然"实践；目前，顾客调查已经作为创业判断的替代品而悄悄潜入市场，其实它没有权力这样做。正是这些人的想象力、韧性和灵活性，使他们能够利用机会——而不是某种神秘的力量——去看穿顾客的内心，并向不知情的顾客伸出援手。在这个过程中，不是所有的模式都不会出故障，就像不是所有的企业家都能把一切都做好一样，但是，通过使用现场测试的方法，组织可以着手学习如何模拟那些通常有助于企业家商业成功的创新和灵活性。

未能认识到顾客潜意识反应的重要性，会导致一个有缺陷的想法被调查证实并付诸实施，此时，公司可能要花很长时间在复杂的商业链中寻找其他地方，因为销售没有达到预期——"我们知道顾客是因为这项调查而喜欢它，我们一定还做错了什么。"当衡量成功与否的晴雨表变成销售数字时，就会准确地看到顾客对这场活动的反应了。

现场测试要求人们做出真正的选择，具备可衡量的真正结果：选择新产品而不是现有产品的风险和机会成本；必要的转变，跳出根深蒂固的行为模式，注意一些不同的东西；突破对目不暇接的零售环境的潜意识过滤，以及现实生活中购物的干扰。

正如我在前一章中提到的那样，有一些共同的心理特征，尽管经常与人们的说法相矛盾，但通常会影响他们的行为。如果要成功的话，这些是任何营销人员都必须注意的潜意识特质。如果可口可乐公司意识到这一点，那就很可能不会沦为"世纪营销失误"的缔造者。[4]

损失厌恶心理

对大多数人来说，获得新事物的想法是令人兴奋的。随便看看发达国家的进步速度和人们接纳新产品的速度，这些现象有力地说明了我们对创新的渴望。然而，似乎是对新奇事物的一种体验，甚至在某种程度上，我们相信这是我们有意识地渴望的东西，但掩盖了一个事实：我们的第一反应往往要谨慎得多。我们对自己的意识和潜意识在保护我们的过程中所扮演的角色之间存在差异，这种棘手问题很容易使我们无法选择新鲜事物或不一样的东西。

这种厌恶风险的倾向可能是难以接受的。毕竟，我们从自己买的新东西中得到了所有积极的心理联想，或者，甚至更好的是：打开包装盒的仪式感，第一次体验的期待感，第一次使用新产品的兴奋感。但这掩盖了一个事实：在日常生活中，我们经常潜意识地决定不做新鲜事，我们总是把自己的鞋子按同样的顺序摆放好，每天买同样的报纸，看同一集电视剧，即使我们以前看过好几次也无妨。

卡尼曼（Kahneman）和特沃斯基（Tversky）在 1984 年进行的一项实验，以及凯文·霍根（Kevin Hogan）在《影响力科学》（*The Science of Influence*）一书中的叙述，将人们对风险的反应进行比较，让他们从以下两组选项中做出选择：[5]

第一组选项：

选项 A：确定收入 240 美元；

选项 B：收入 1000 美元的概率为 25%，没有损失的概率为 75%。

第二组选项：

选项 C：确定损失 750 美元；

选项 D：损失 1000 美元的概率为 75%，没有损失的概率为 25%。

调查者发现，73% 的人选择了 AD 组合。只有 3% 的人选择了 BC 组合，尽管 BC 组合才是稍微好一点的选择。虽然人们可能会喜欢这样的想法：他们对新想法持开放态度，并愿意冒险尝试某件事，但这样做是没有个人风险的——告诉市场调查者，你会购买在小组座谈上展示给你的产品。然而，当涉及真正的购买决定时，潜意识里想要避免风险的欲望往往会让选择新事物的吸引力猛减。

可以用小孩子的例子来说明损失厌恶（loss aversion）问题，这是一种不一样的解释方法。先问他们喜欢什么玩具，然后列一个清单。告诉他们，你要划掉几个玩具——他们没有提到的玩具、太小儿科的玩具、他们不再玩的玩具，结果，他们会强烈声明想要保留这些玩具。

出于某种原因，可能是进化的优势，人们感到的损失远比他们感到的收获大得多。我有时会在给客户的演示中证明这一点：首先，我向某人要一张 10 英镑的钞票。接着，我把这张钞票递给房间里的另一个人，然后继续传递下去，好像什么事也没发生过。让那个失去钱的人再去想其他事情是多么的困难，这是很有启发性的，而那个得到钱的人，虽然感到惊讶和感激，却不会在这件事上停留太久。你自己几乎肯定也经历过这种现象：有一天你会意识到自己失去了某个东西。想要找到这个东西的欲望会变得非常强烈，即使它是一个相对微不足道的东西。然而，一旦找到这个东西，发现的乐趣很快就会被遗忘，那个曾经丢失的东西又回到你生命中某个枯燥单调的角落。

推测为什么我们应该对潜在的损失如此敏感，这是很有趣的事情。有一种理论认为，潜意识专注于安全，快速检查环境，评估潜在的威胁，进行第一次数据传递，以保护我们远离潜在的危险。因此，当潜意识辨认出某种独特的东西，将它与过去美好或愉快的经历联系起来时（也许是报道最喜欢的演员的文章旁边的一则好广告），它可以让我们对这个选项感觉"良好"。

对广告的评估通常包括询问受访者能回忆起哪些品牌（顶级品牌认知度），有意识地对产品类型或品牌的广告进行回忆，并使用广告去增强回忆（有时还可以借助广告中的剧照）；以及一切有意识的措施。但是，潜意识里看到了什么呢？有关调查显示，在意识知觉之外加工的平面广告，就像意识过程中的广告一样，可以改变人们的态度。在一项研究中，80 名受试者被暴露在广告中，有的是故意为之（要求受试者去观看广告），有的是不经意为之（要求偶然看到广告的受试者评估杂志内页的版面）。之后，要求这群人对 50 个广告进行评分，并说明他们是否早前看过。那些偶然看到这些广告的人中只有 11% 的人回忆起了那些已经播放过的广告，但他们对这些广告的评价是"更令人难忘、更引人入胜、更吸引眼球、更与众不同"。这与那些故意接触这些广告的人一样，对那些没有播放过的广告具有积极的偏见。[6] 看来，潜意识可以辨认出它之前所见过的东西，而且，因为熟悉，加工起来更加流畅，这就创造了一种更喜欢某样东西的感觉——在不知不觉中熟悉，可以滋生感情！因此，即使人们不记得看到过某个产品的广告，也会非常"渴望"购买这个产品，因为它在不知不觉中走进了人们的潜意识。

品牌自身运作的方式之一是风险厌恶（risk aversion）。随着时间的推移，通过体验、熟悉感、广告建议或者背景定位，我们从包装上的名字中获得心理安慰。它暗示了产品的一套标准和质量，有幸可以让人放心，当可供参考的真实信息太难查阅或太费时间而无法查阅时，我们就不会太担心。例如，我相信，如果我买一台索尼电视机（Sony television），它会是制作精良，经久耐用的，因为我把这些价值观与索尼品牌联系在了一起。实际上，我不知道我买的电视机是不是索尼品牌的同一家工厂的同一群人生产出来的，使用的是不是相同质量的零件，经过的是不是相同的质量测试。我可能会查出它是由哪个国家制造的，但这并不能说明什么。我可能会找到一篇独立的评论，但这并不能判断产品质量和使用年限，因为这些产品样本并不具备足够的代表性。更有可能的是，它会让一个人看电视，并对成品的图片、声音，甚至外观质量进行评分。在选择索尼品牌时，我觉得自己承担的风险少于购买自己较少接触的品牌。

人们将在多大程度上减少未来感觉糟糕的风险，这一点至关重要。我曾经负责一个项目——观察人们购买洗衣机——我看到一个女人在电器陈列柜前徘徊了30秒，却没有真正地观看任何电器，这表明她正在认真考虑这件事。最后，她在一个特定的电器前驻足停留，等着销售员过去找她。我假装在测试旋转烘干机铰链的坚固性，这时，我听到了她和销售员之间的对话。这个女人拒绝了销售员的帮助和建议，说她想买下自己面前的那台洗衣机。当销售员问她以前是否购买过这个品牌时，她说她的最后三台洗衣机都是由同一家公司生产的；她还表示，希望这台洗衣机不会像前两台那样损坏她的衣服。无论是从逻辑角度、理性角度，还是（最重要的）意识角度来看，她的选择都毫无意义。然而，拒绝眼前琳琅满目的产品，总比惧怕没有实际体验的品牌要好，这就是"先见之明"的意义。

还有一种方法，就是通过他们提出的问题来识别购物者被风险所困扰的情况。我的一个朋友开了一家吉他店，他曾经讲述了他与一名顾客之间的对话：当时，他正以非常优惠的价格批量出售一款吉他。这名顾客问的第一个问题是："你还剩多少把吉他？"换句话说，"你能向我保证很多其他人也认为这种吉他买得值吗？"我的朋友告诉他，原来的 100 把吉他只剩下 6 把了。第二个问题是"你们星期六通常能卖出多少把？"换句话说，"你能告诉我，如果我不买这把吉他，就会错失良机，从而感觉更糟吗？"我的朋友说，他们一天最多可以卖出 6 把吉他。最后，这名潜在客户问道："你用同样的钱还能买到什么吉他？"换句话说，"如果我买下了这把吉他，我会后悔错过了相同价格的其他吉他吗？"我的朋友说，同样价格的吉他还有好几款，但那些吉他没有一把能与这把吉他的价值相匹配，也不能像这把吉他一样荣获杂志热评。在任何时候，这位顾客都没有试图确定相关的吉他是否比其他吉他更适合自己的"需要"；他从来没有说过，他演奏的是什么风格的音乐，他喜欢或曾经拥有什么样的吉他，或者，他打算用什么扩音器来搭配吉他。他没有问过拾音器的声音、成品的质量，或者乐器的设置（演奏的好坏）。相反，他透露道，巨大的折扣虽然吸引了他，但不足以让他买下这把吉他。

当你注意到人们主要关注的是不要做出错误的选择——换句话说，要做出安全的选择，而不是做出最好的选择——可以让你深入了解他们为什么这么做，以及你可能需要付出多少努力才能鼓励他们去做一些不同的事情。除非环境已经使他们具有冒险精神（例如，在主题公园或夜总会），或者他们正在做一个蓄意而为的决定，否则，他们需要很强的说服力，才能打破那些不知不觉中感觉安全的东西。

为什么新产品一开始通常都是试用价？因为大多数营销人员都意识到，打折不仅能让产品在货架上引起人们的注意，还能抵消与偏离常规选择相关的潜意识风险。尽管人们一直在争论，究竟是对风险厌恶（损失厌恶）的恐惧，还是对现状而非变化的偏爱，其有效结果保持不变：无论新事物在逻辑上多么有说服力，人们通常都会非常抗拒尝试或做一些新的事情。

有意识比潜意识更容易接受新概念。新事物可以引起我们的好奇心。了解哪一种思维方式在顾客决策的每一个阶段中更为重要，对于理解任何调查方法的准确度至关重要。告诉顾客新可乐的味道更好，不足以克服他们对"老可乐"退场时的失落感。正如马克·彭德格雷斯特（Mark Pendergrast）所指出的那样，如果有人认为，可口可乐公司多年来一直在告诉客户，"老可乐"才是"真正的可乐"，这或许就不足为奇了！最初的产品和包装具有既定的一切联想，舒适感、熟悉感和安全感的一切潜意识，并在可口可乐的亲切广告和赞助下，与顾客建立了积极的情感联系。选择新可乐，就像从新的灌木丛中摘浆果一样；潜意识有充分的理由焦虑，并寻找不喝它的理由。

2003年进行的一项使用大脑成像的研究发现，在最初的百事可乐挑战赛中，受试者们看到自己正在喝的饮料的包装时的反应完全相反。当他们在品尝可口可乐之前看到熟悉的可乐罐设计时，大脑的一个不同区域就会参与进来，结果也会发生变化：比起百事可乐和无标签的样品，他们更喜欢可口可乐，尽管可口可乐与百事可乐的名字中都含有"可乐"二字。[7]

顾客行为的一个典型驱动力就是利用潜意识对损失的厌恶来影响购买：感知到稀缺性。有一年假期，我在一次"传统希腊舞蹈之旅"中付出代价，没有什么比感知稀缺更能引起不同的顾客反应了。当时，毫无根据的谣言四起，说是酒快喝完了，我迅速采取行动，以确保物有所值（我为自己辩解说，我当时是一名学生）。由此产生的宿醉意味着，在希腊岛上度过了宝贵的7天，其中的1天白白浪费了，我对松香味希腊葡萄酒的厌恶情绪也随之产生，而且延续至今。

大多数销售人员都知道，如果他们能让某人相信，某产品本身非常棒，购买该产品是一种荣幸，机不可失，时不再来，那么，他们就能说服这个人花钱。[8]当一个人害怕自己会错过在购买时感知到的风险时，他就有了行动的强大动力。当一个网站告诉你，你感兴趣的产品仅剩一件时，你会按下"购买"按钮的速度要快多少？当对错失良机的恐惧击败了对做出错误选择的恐惧时，人们就会购买。

当新可乐上市、老可乐退场时，"老可乐"的感知价值因其（非常真实的）稀缺性而大增。比如这样的故事：人们买光了他们能找到的一切库存，商店以高于平常价的 2 倍价格卖光了所有的存货。[9]

心理流畅，购买顺畅

我之前提到过，不断重复的有意识行为是如何产生潜意识的驱动行为。值得注意的是，大多数人的日常生活中有多少会进入这一阶段；毕竟，这是一种非常高效的生活方式。有关研究表明，思考需要消耗葡萄糖，因此，活动需要的思考越多，我们就会变得越累。[10]

我们的潜意识在多大程度上喜欢阻力最小的路线，这一点既让人好奇，又有点令人不安！相关研究发现，"股票"和"股份"等容易发音的单词比那些不太熟悉的字母组合更受青睐，而且手写的清晰度和字体选择也会影响人们对某件事的反应。[11]貌似我们的潜意识映射到单词所出现的联想和筛选影响了我们对单词的反应和它们的字体风格。我们的潜意识喜欢最简单和最熟悉的东西，也就是我们的大脑加工起来非常流畅的东西。但是，当然，就像潜意识的方式一样，我们不知道自己在做这件事，它正在影响我们的判断。"哦，不，"我们告诉自己，"我们正在做出有意识的、平衡的、极其明智的决定。"有证据表明，这种倾向于流畅表达的特质从很小的时候就开始了：一项针对 5 岁和 6 岁儿童拼写能力的研究发现，孩子们的名字会影响他们拼写其他单词的方式。[12]

当美股上市股票（Extra Space Storage）公司测试其网站的备选版本时发现，将其存储设施的图片放大，并添加一个更突出的方向地图，可以增加登录该网站的用户比例，预订率也提高了 10%。人们可能找到了一种让人安心的形象，让网站容易被人发现，如此一来，对业务产生了明显的影响。[13]

有意识地决定购买某个新东西，毫不夸张地说，这需要努力才能实现。在心理上准备好回答一些问题，这是一回事；顾客无法跟风购买超市饮料货架上的产品，也不能在购买评估中投入意想不到的能量，这是另一回事。

对群体的盲从

还有一个因素可以帮助解释人们为什么要做某事，这与我们认为自己是独立思考的个体的观点背道而驰。这个因素揭示了我们模仿他人行为的惊人倾向。近年来，这种能力在模因（menes）这一话题下，已经成为哲学和心理学研究的热门话题。顺便解释一下，模因就是通过模仿传递下来的文化元素，甚至有人认为，模仿能力就是人类和其他生物的根本区别。[14]

当人们看到别人在做某件事时，至少他们倾向于形成一种观点，而且在很多情况下，他们会照搬照抄。那些设立临时摊位或租用短期零售空间的人利用了这一特点。他们知道，当他们开始销售时，如果有几个"朋友"站在他们身边，其他的过客也会驻足停留。一旦聚集了一群人，他们中的一些"朋友"就会兴奋起来，争相购买那些"棒极啦"的商品，其他人也会开始跟风购买了。

虽然我们大多数人都想告诉自己，我们不会被临时商店的骗局所吸引，但我们却在很多方面都不自觉地受到他人行为的影响。我们使用的语言，甚至我们说话时的拐弯抹角，我们学习语言的事实，以及我们交谈的内容，都反映了我们喜欢模仿别人和让别人模仿我们自己（以及我们的想法）。

在一项实验中，调查者将受试者放入一个喷吐烟雾的房间。在很大程度上，受试者会理智地去报案，但是，调查者又安插了其他的受试者，他们没有对明显的紧急情况做出反应，更常见的情况是，那些没有意识到烟雾不是严重征兆的人也没有做出反应。在另一项研究中，当受试者听说有人从附近的梯子上摔下来时，有70%的人跑去帮忙，但是，研究人员又往房间里加入了几个人，并告诉他们不要在意外面的噪音，此时，只有 7% 的人觉得有必要去帮那个摔下梯子的人。[15]

我们愿意追随羊群的有趣特点之一就是，我们实际上并不需要亲自去看管羊群：想知道羊群在做什么，只要问问别人就行了。心理学家观察了人们对这一信号的反应——要求酒店客人使用毛巾超过一天。结果发现，当信息解释说，大多数在他们之前使用过这个房间的人都重复使用过他们的毛巾时，其实更多的人在使用前就已经做过评估了。[16] 另一项专门观察顾客态度的研究发现，某些顾客应邀去单独评估产品，然后被告知他们的同行对同样的产品进行了负面评价，结果，他们受到了他们所听内容的严重影响。[17]

因此，消费时尚是如此普遍，也就不足为奇了。产品出现了，而且看起来几乎是必不可少的，我们的购买欲望是如此强烈，然而，在几个月的时间里，兴奋感就消失了。不可避免的是，另一种时尚很快就会随之而来，它揭示了我们在多大程度上受到周围发生的事情的影响，也表明了我们无法区分真正有用的东西和貌似的好主意，因为其他人也是这样做的。

20 世纪 90 年代，有一段时间，英国人，尤其是青少年，对自己"被探戈"感到非常兴奋。"你被探戈了"这个警句很快被同化为一种让人震惊的委婉说法，最重要的是，一人传十，十人传百。现在很多人都无法告诉你这个品牌是否仍然存在（它确实存在）。决定一本书、一部电影或一个电视节目成功与否的最重要因素之一就是它被大众谈论的程度；可以说，这是一个衡量成功的优秀指标，无论如何评价，它都优越于实体本身的质量。

当涉及理解顾客行为时，尽管我们大多数人都想告诉自己按自己的意愿购买，但在潜意识层面上，我们不是个体先锋，而是胆小鬼。

先入为主的心理障碍

我们几乎不可能高估人们最先遇到的事情对他们接下来的想法的重要性。尽管我们可能都喜欢假装可以客观、公平、理性地判断自己所遇到的事情，但研究表明，我们的第一次经历会带给我们先入为主的心理影响，从此，我们就开始寻找与我们的判断相符的证据。

人们如何被他们第一次看到或听到的东西所影响？关于这个话题，请看以下两道计算题：

$$1 \times 2 \times 3 \times 4 \times 5 \times 6 \times 7 \times 8 = ?$$
$$8 \times 7 \times 6 \times 5 \times 4 \times 3 \times 2 \times 1 = ?$$

第一个计算题的平均猜测是 512，第二个计算题的平均猜测是 2,250，后者高于前者 4 倍。当然，这两道题的正确答案是完全一样的（正确答案是 40,320，远远高于人们的猜测），但事实是，人们更重视前几个数字，并据此估计答案。[18]

同样的道理也适用于单词。比如，让人们去考虑两个人，并迅速决定他们认为自己会更喜欢谁：

约翰：聪明、勤奋、冲动、挑剔、固执、嫉妒。
马克：嫉妒、固执、挑剔、冲动、勤奋、聪明。

两人之间不应该有区别，因为这些描述包含了完全相同的单词，然而，大多数人会在不知不觉中对他们最先听到的单词给予更多的重视，然后说他们更喜欢约翰而不喜欢马克。[19]

先入为主的心理和社会认同感可以共同作用，对人们的行为产生强大的潜意识影响。还有一个例子可以说明，我们的自主性远不如我们想象的那么多，这源于我们对他人话语的敏感性。在一项研究中，参与者应邀玩一种游戏，在这种游戏中，如果他们互相信任和值得信任，互利共赢的结果就更有可能发生。他们可以留下这一笔钱，也可以把一部分钱捐给（虚构的）另一个人；如果他们选择把钱捐出去，就会增加两倍，而受赠者可以选择归还一些。两个方面让游戏变得有趣：第一，有钱的人被赋予了一个受赠者的性格特征，这表明了他们的道德品质，但有人提醒他们说，那个人在游戏中的反应可能无法反映刚刚给出的描述，事实上，被描绘成道德"好""坏"或"中等"的人都会分享50%的时间；第二，参与者的大脑活动在练习过程中被绘制出来。据透露，尽管他们意识到这3个虚构的搭档分享信息的频率大致相同，但还是喜欢那些被称为"道德好"的搭档。成像显示，大脑中通常与经验相关的区域，只会为那个被描述为"道德中等"的搭档而激活。当人们被告知某件事是好是坏时，他们不再以同样的方式处理证据，因此，也没有根据他们所体验的事情来调整他们的选择。与亲身体验相比，先入为主的第三方信息被赋予了更高的优先权。[20]

先入为主的信息如何具备说服力？也许这是一个最极端的实验例子。在一项社会敏感性研究中，相关人员要求参与者区分真假自杀遗言，还武断地告诉他们，这些自杀遗言非真即假。即使后来参与者被告知结果是虚构的，他们依然会根据自己最初给出的错误反馈，在未来的社会敏感度测试中对自己的预期表现进行评估。[21]

如果我们回想一下新可乐，通过蒙目测试而引入新配方，这是一回事；在推出后的几天内出现的负面宣传浪潮，这是另一回事。媒体也被吸引来了，几天之内就有96%的美国人知道可口可乐的味道变了。可口可乐公司的高管们最初以为，他们得到了很好的免费宣传，而这代价是巨大的：顾客们被灌输了先入为主的观念和社会认同感——这种新饮料对喝可乐的人没有吸引力。[22]

理解先入为主的本质，对于理解顾客行为至关重要。关于一款产品，人们的第一次体验、第一个品牌信息、第一印象、第一个感官体验以及第一批话题，都是非常有影响力的。如果顾客接收到一条信息，他们就会潜意识地寻找证据来支持这条信息。理性或平衡的判断可能会在意识观念中胜出，但并不适用。

至关重要的是，潜在的先入为主心理无处不在。正如你们稍后将看到的那样，无意中的先入为主心理是几乎所有市场调查过程的必然结果。

新可乐失败的教训

正如我之前说过的那样，反思新可乐的开发和推出的失败原因，并不在于一家公司的失误，尽管它是世界上最大的品牌之一。相反，可口可乐对市场调查的使用依赖于一种完全与实际行为不符的顾客理性思维模式。这个错误可以理解，因为企业一直在犯这个错误，它们浪费了大量资金，进行有缺陷的项目，扼杀潜在的完美想法。

任何项目都很容易遇到这样的情况：人们有意识的评估是一回事；当潜意识发挥作用时，人们的反应是另一回事。如果有一些说法是可信的，那么，新可乐的失败原因可以总结如下：百事可乐公司告诉顾客，经过大量的蒙目口味测试之后，人们认为百事可乐的味道比可口可乐好，尽管几乎每个人都已经尝过了这两种可乐，但顾客开始远离可口可乐。可口可乐改变了其产品的配方，直到找到一种在口味测试中击败百事可乐的新配方，将旧配方替换为新配方，并告诉全世界，新配方让新可乐的口味更美妙（这是可口可乐公司以巨大的代价证实的一个"事实"）。最初，人们被蒙在鼓里（有消息称，可口可乐的销售额最初同比增长了8%，虽然这可能与天气有关，但我没有见过这样的说法：它的市场份额在这段时间内上升了），然后出现了公众和媒体的强烈冲击，因为人们想要回到最初的产品。在不到 3 个月的时间里，原来的可口可乐重新上市，新可乐的销量急剧下降。在整个风波的最后，可口可乐再次成为占主导地位的可乐品牌。

在这个过程中，我们发现，如果冠以品牌，口味不再是口味，啜一口和喝一罐不一样，人们喜欢不假思索地买东西，他们喜欢得到新东西，但更害怕失去旧东西，他们的第一次体验极大地影响了他们（先入为主），而且，不管怎样，一旦有机会，他们就会随大流。什么样的市场调查会预测到这一点呢？

当然，相关调查蓬勃发展的原因就在困扰潜意识的四大因素当中。首先也是最重要的是，调查工作被认为是减少决策过程中固有风险的一种手段。它已经变得如此根深蒂固，在过去的 30 年里，任何一个在大型组织工作的人都将发现调查的原则和机制很容易理解；这是默认的做法。就像投资基金管理一样，大多数公司的业绩都不如市场平均水平，而在大多数情况下，成功被大肆宣扬，失败被悄悄遗弃。

第一印象或社会认同感，似乎表明每个人都在这么做，而且效果很好；的确，要抛弃这种貌似仁慈的工具，需要一个勇敢的人。如果第一次体验就被误认为是成功，那么，令人陶醉的鸡尾酒已经在潜意识中完胜了。

我们意识到潜意识的本质以及它塑造行为的方式，这是最近才流行的。社会心理学家和神经科学家正在帮助我们理解那些并不新鲜的流程；很有可能那些流程已经存在几千年了。企业认识到市场调查的巨大局限性和潜意识在顾客行为中的作用和性质，因此获益良多。现场测试并不完美，但它确实默认了潜意识的地位。

然而，当一个组织想要更好地理解现有顾客时，这些情况又如何呢？理解顾客的思维方式和他们与消费环境之间的关系，这是一个很好的起点。

第三章

—

消费环境：

环境是如何改变顾客行为的

如果你想知道某人买或不买某物的原因，你必须了解环境塑造行为的方式。如果将购物环境和购物行为隔离开来理解，你就会误入歧途。为了提高销售量或扩大沟通的影响，环境必须恰到好处。

在过去的 20 年里，大量的研究已经揭示了我们的行为是如何受到零售环境因素的影响，从逻辑上讲，这些因素与我们选择做什么没有关系。虽然说，了解到音乐和灯光会影响我们的情绪乃至我们的行为，这一点并不能让人大开眼界，但是，我们的情绪和行为可以导致人们消费更多的程度是令人惊讶的，此外，还有进一步的证据表明，我们无法意识到是什么塑造了我们的行为。

一般来说，顾客调查是在一个方便调查者的地方进行的。[1] 事实上，调查倾向于根据数据的来源来标记：街头采访、在线调查、在家、售货厅试验、观察小组（观察设施）等。含蓄地说，信息是清晰的：不管你问什么问题，都会得到同样的回答。正如我将在下一章中讨论的那样，观察人们买什么以及如何购买，我们可以学到很多东西，但首先，我应该解释环境为何如此重要，它是如何改变人们的行为，以及它对销售的巨大影响是什么。

查尔斯·阿雷尼（Charles Areni）是研究商业空间环境心理学的专家，他在一家卖酒的商店里进行了一场测试，播放进入前 40 名榜单的单曲或古典音乐。他发现，在播放古典音乐时，人们花在一瓶葡萄酒上的钱是选择流行音乐时的 3 倍多。[2] 当然，所有相关的人士都认为，他们正在购买的是自己想买的酒，并且能够提供明显合理的购买理由。但他们不知道，唯一的变化就是背景音乐很安静。最近，一位葡萄酒业的煽动者说过，他相信葡萄酒的味道会受到当时弹奏的音乐的影响。这个理论也许有点匪夷所思，但是，当我们考虑到潜意识心理联想的影响和心理研究反复遭遇的错误归因的可能性时，这个理论是有意义的。[3]

例如，调查者发现，播放的音乐类型可以戏剧性地改变人们在商店逗留的时间以及他们离开的速度，还能改变他们对等待时间或购物区拥挤程度的态度。[4] 毫不奇怪，这些对行为和认知的影响会导致更多的消费；比较一下超市里的慢节奏音乐和快节奏音乐，你会发现慢节奏音乐下的销售额高出39%。[5] 同样，没有人会建议这些人去琢磨："我确实花了更多的钱，因为所有音乐的节拍低于每分钟60下。"

在美国，心理学家曾经尝试改变两个零售橱窗的照明，其中一个是五金店的工具橱窗，另一个是西部服装和饲料店的皮带橱窗。他们在天花板上额外安装了500瓦的照明设备，这些设备独立于房间里的主照明之外，可以独立控制。他们在商店安装了录像，记录下人们在橱窗前花了多少时间，碰了多少东西，买了多少商品。他们发现，当额外的照明设备打开时，那些奔走于这些橱窗之间的顾客接触的商品更多，而且在那里停留的时间要长得多。[6]

有关文献记载表明，光照强度会对大脑化学物质产生影响：光线调节生物钟，与血清素的释放有关，血清素在调节情绪、愤怒和侵犯心理方面起着重要的作用。然而，只有那些被诊断出患有季节性焦虑症（Seasonal Anxiety Disorder）等疾病的人们才可能会认识到，如果他们得到更多的光线，就会感觉更好。我们完全有理由认为，如果调查环境中的光线与顾客的实际情况有很大的不同，人们可能会有不同的感受和反应。

灯光和音乐的变化会导致人们不同的行为方式，此外，人们还发现，房间比例等更微妙的变化会改变人们的思维方式；思维过程的本质似乎也发生了变化。两位市场营销学教授创造了四个房间，除了天花板的高度从8英尺到10英尺不等之外，其他完全一样。他们派给了参与者们不同的任务，需要不同类型的心理过程和分析结果，然后，他们发现，天花板较高的房间里的参与者在需要处理关系（识别和评估不同运动之间的联系）的任务中表现更好，而在天花板较低的房间里，参与者在其他特定项目的任务中表现更好。

他们还发现，在评估两种产品的方法上存在着统计学上的显著差异。[7]当然，他们没有告诉任何一个参与者，天花板的高度是这项研究的重点。就像前一章所揭示的潜意识气味和图像研究一样，这些环境影响发生在潜意识层面，又经历了进化论的命运轮回，于是，我们有意识的头脑忘记了是什么真正驱动了他们的思想、情感，以及由此产生的行为。

人文环境

顾客调查经常忽略的另一个有影响的方面是，在顾客体验的一个有影响力的阶段，还有谁在场。任何曾经带着孩子去商店购物的人都知道，与其他环境变量相比，儿童的行为在很大程度上可以主导零售体验。两岁大的小孩子喜欢停下来触摸大量的产品和橱窗。根据环境的不同，这可能对有关的成年人产生一些影响：注意到一些本来会被屏蔽掉的东西、对潜意识环境影响的敏感度降低，或者是完全放弃顾客体验的欲望！

在一项研究中，相关人员比较了不同顾客组合在自助商店购物的时间。[8]调查发现，女性结伴购物，在店内逗留的时间平均比男女结伴购物的时间长75%以上。分析自己的经历并推测其原因，这比较容易。事实依然是，不管什么原因，在这些截然不同的情况下，由人们的行为证实的思想和情感必定明显不同。

作为有意识能力和自我合理化的存在，我们宁愿相信，我们是自己选择和命运的唯一主宰，然而，对我们生活的客观评价可能与此相矛盾。我们中有多少人意识到自己已经受到某则广告或某个推销员的行为的影响？即使我们不情愿地承认这些影响的存在，我们中的大多数人也更愿意相信，推销员的参与只是我们决策中的一个（非常微小的）因素，并不是决定我们体验结果的关键影响要素。当然，任何一个监督个人员工销售业绩的零售商都能够指出，在同一时期，同一零售网点，谁比谁的销售额要高出很多。他们可能会将此归因于工作效率，但是，当你花相当多的时间观察不同推销员的行动时，你很快就会发现，有些人懂得如何鉴别客户，与客户建立融洽关系，然后根据需要调整自己的销售方法。最终，消费场合的结果完全取决于推销员的人际互动。

观察优秀的推销员如何让顾客说出影响他们的因素，然后再加以利用，这是一件很有意思的事情。我并不是说这在本质上是在搞两面派；任何一个从事销售工作的人，以及可以灵活应用人际关系去尝试不同方法的人，都会在不知不觉中理解什么有效、什么无效。有时候，这就像询问客户心中有没有一个特定的品牌一样简单。如果顾客自愿说出一个品牌名称，而商店库存中正好有货，推销员就会对该品牌赞不绝口，并抓住一个销售良机。还有一种建议，说明客户提到品牌在某种程度上不如另一个品牌，这样做的风险很大，可能会破坏客户的信心，导致客户流失，因为他们要"回去好好想一下"。

当然，糟糕的培训加上缺乏人际交往的灵活性，可能会产生非常糟糕的效果。我清楚地记得，几年前，我到一家汽车经销店去买车，试驾之后却打消了购买的念头，那个推销员反复问我为什么。我说出了根本原因——汽车不够快——但他没有承认这一点，也没有换一辆车向我推销，而是死缠烂打地问："如果我们能克服这个缺点，你会买它吗？"我看不出有什么切实可行的方法来改变汽车的这个性能，他也没有提出任何建议，所以，谈话很快就变得莫名其妙地抽象起来。我没有从那个推销员那里买那辆车或更快的车。我不知道他是否还在卖车。现在想起来，我不确定他有没有卖出过汽车。但我怀疑，总有一个地方的推销员懂得使用不同的方式来处理问题，并说服我至少要和经销商保持联系。

即使在逻辑上没有什么区别，其他人在场的影响也是显著的。正如你们将在整本书中，特别是在第五章中看到的那样，有很多理由质疑回答问题的有效性。然而，一方面是，人们回答问题的方式会因被提问的方式而改变。在线调查因其较低成本和较高速度而变得非常流行，但是，当人们独自坐在电脑屏幕前时，他们对某些问题的回答与别人提问他们时表达的不同。在一项研究中，对诸如"你如何管理你的收入"等问题的答案，受访者中有29.9%~47.7%的人认为自己"感觉舒服"，具体比例取决于这个问题是否在别人在场的情况下得到了回答。[9]一家大型民意调查公司进行了另一场对比测试，调查发现，73%接受电话采访的人认为，应该对抢劫犯判处徒刑，完全拒绝抢劫犯免于监禁的观点。与此同时，在网上进行的相同调查发现，只有52%的人同意这一观点。尽管民意调查机构确保对这两个样本进行了加权处理，以反映整个英国的人口统计数据，但在28个问题中，有22个问题都存在着显著的差异！[10]

市场调查行业对这种异常现象的反应就是，仔细研究使用的方法并提问："哪种方法更准确？"这个固有偏见问题的答案是"两种方法都不是"：我们想的是我们所处位置的副产品，我们周围的人或物，以及我们当时的思考方法。很有可能，某个人的工作是大冷天站在街上恳求路人回答一些问题，在这样的人面前，更多的人认为自己的处境挺好。相反，当他们坐在电脑前回答乏味的问题，希望在参与者抽奖中赢得5000英镑时，其中一部分人会问："我的生活是怎么变成这样的？"当然，如果你在街上被一个为非洲饥饿儿童募捐的人拦住，或者看着海地人民为生命而战，你的答案又会不同。当市场调查试图以任何方式量化这些含糊不清的概念时，确实没有抓住重点。

几乎所有事物都是相关的

顾客环境的另一个方面是围绕任何给定项目的产品和产品交流。有关调查表明，广告的结果受到广告所处环境的影响。在测试中，杂志或节目的背景与广告的主题相似，结果是广告更好理解，也更受欢迎。对背景的良好感觉被错误地归因于广告本身。[11]

对汽车了解很多的参与者们应邀去评估本田汽车公司的一则广告，当这则广告被阿玛尼和劳力士等知名品牌的广告包围时，参与者们对本田广告的评价要比它在天美时（Timex）和老海军（Old Navy）[12]等不太高端品牌的背景下更有利。当西蒙森（Simonson）和尹（Yoon）比较人们如何评价割草机、食品加工机和汽车等一系列产品的吸引力时，它们发现，对产品的偏好程度受到当时所选环境的影响。例如，较之在一套一样的钢笔中选择一支笔，参与者更喜欢在一套参差不齐的钢笔中选择一支较好的笔，因为他们认为这支笔写起来效果更好，也愿意支付更多的钱。[13]较之花在广告上的一大笔钱，复制西蒙森和尹的研究来服务于你自己的产品和媒体选择，这只是小投资，可能让人们对你的品牌产生明显不同的感受。

由于这种多样化的混合影响形成了被排除在市场调查过程之外的顾客行为，当它的结论与实际情况相去甚远时，这也许不足为奇。20世纪90年代中期，当麦当劳开发出招牌汉堡（Arch Deluxe）时，该公司对自己的产品很有信心，认为这款汉堡能够吸引成年顾客。在市场调查的背景下，该产品表现很好，但在麦当劳餐厅里，连同"快乐儿童餐"（Happy Meals）、"麦当劳叔叔"，以及其他与儿童相关的诱因，人们的反应截然不同。具有讽刺意味的是，麦当劳餐厅广告理念的特点是，"麦当劳叔叔"参与了更多的成人活动，可能强化了顾客们正在与之抗争的矛盾联系。[14]

企业对控制和标准化的渴望是可以理解的。可以说，对于某些功能（如会计、采购和品牌推广）来说，这是成功的关键。然而，正如麦当劳所发现的那样，集中式流程并不总是能提供答案。当涉及市场调查时，在发展过程中避开零售环境的复杂性的愿望是极其危险的。如果不考虑产品最终的销售环境，顾客就无法对产品做出真实的反应。为了吸引更多的成年人，麦当劳直接从橡树溪总部开发了一款"成人口味的汉堡"（Burger with the Grown-up Taste）。除了塑料座椅、明亮的原色、方便儿童使用的熟悉的菜单，受访者对产品的口味、新鲜度和满意度评价也很高。尽管有超过 2 亿美元的支出，其中至少有 1 亿美元用于推广这款产品，而有关调查显示，这款产品非常吸引人，但最终还是一败涂地，并撤出市场。据一位知情人士透露，麦当劳大部分成功的产品创新，包括巨无霸（Big Mac）、麦香鱼（Fillet o' Fish）和热苹果派（Hot Apple Pie），都源自于专业的厨房，而不是在遥远的总部。虽然这些特许经销商可能没有"给力的"调查方式来与客户一起研究他们的发明，但他们至少可以在最终销售产品的环境中测试自己的产品。[15]

所有人类的行为都受到了环境的严重影响。正如《影响力科学》一书的作者凯文·霍根所说：

人类和动物一样，与周围环境的互动和反应远远超过我们在意识层面的意识。如果你想改变自己或他人的行为，你能做的第一件事就是改变环境。改变环境在改变行为方面具有独特的力量。再也没有什么影响比这更大的了。

心理学家斯坦利·米尔格拉姆（Stanley Milgram）进行了一项著名开拓性的研究。这项研究主题是环境如何能改变行为，而且非常有力地说明了这一点：当环境发生变化时，人们准备做的事情会发生巨大的变化。环境不仅能决定人们的行为，还能决定他们的行为与预期有多大的不同，在大多数情况下，他们想告诉自己会怎样。在他的实验中，40 名参与者中有 37 人对另一名参与者实施了可能致命的 450 伏电击，仅仅是因为一位权威人士在知名大学的科学实验室里要求他们这么做。[16]（事实上，那个被电击的人也是实验安排的，他只是在模仿表演被电击的疼痛状态，那些实施电击的人竟然当了真。）

在著名的"斯坦福监狱实验"（Stanford Prison Experiment）中，心理学教授菲利普·津巴多（Philip Zimbardo）召集了一组学生，随机分派他们在他创建的模拟监狱中担任狱警或囚犯。在实验结束之前（8 天前，这位心理学家的女友介入实验，她应邀来到了模拟监狱，与参与者进行了一些访谈，她反对该监狱提供的环境），狱警用灭火器袭击囚犯，不允许他们上厕所，让他们睡在水泥地板上，还对一些人进行性羞辱。该实验只持续了 6 天。[17] 这些生动的例子比市场调查可能遇到或创造的任何东西都更为极端，但它们说明了相关的心理学原理。

1993 年，当美泰公司（Mattel）决定推出一种新款娃娃——芭比娃娃（Barbie）的男朋友肯尼娃娃（Ken）时，征询过目标受众——5 岁女童们的建议。几乎可以肯定的是，这个结果反映了那个年龄段女童心中的男生魅力的标志：男孩团体。这群人经常是同性恋指挥或造型师，他们乐于将同性恋运动作为自己的目标。当时的同性恋运动十分活跃，积极努力在主流生活中确立自己的地位。[18] 由此产生的肯尼娃娃"戴着耳环"，穿着一件淡紫色的网眼上衣，配上一件人造革无袖夹克，黄白相间的双色金发，颈链上还套着一枚银光闪闪的小戒指，一眼就能看出这是"公鸡戒指"（当时流行的同性恋俱乐部成员的小饰品）。[19] 这不是大多数父母乐意为孩子买的东西；一旦被人指出，这也不是美泰公司乐于与之关联的形象，于是，肯尼娃娃被匆忙撤回。

调查环境的人为性质也可以负责不强调某些东西的重要性，而在真实的购买环境中，这些东西在不知不觉中得到加强，在决定产品命运方面具有重大意义。当亨氏公司（Heinz）开发出纯天然清洁食醋（All Natural Cleaning Vinegar）时，这是一个合乎逻辑的概念：该公司已经知道，人们使用他们的"食"醋来清洁物体，媒体对更天然的清洁产品的兴趣很高。远离超市的环境，特定的亨氏清洁产品似乎很棒。然而，在超市环境中，尤其是在公司的食品环境下，顾客很难将那些潜意识的烹饪联想与那些危险化学品和细菌有关的清洁产品联系起来。最终，该产品失败并被撤回。

通常，环境对行为的影响是如此微妙，以至于难以察觉。阿伦（Aron）和达顿（Dutton）进行了一项实验，实验对象是两组男生。从表面上看，这项调查的目的是考察风景对创造力的影响；然而，一位迷人的女记者分别在不同的地方采访了这两组男生。[20] 第一组男生的单独访谈是在深谷上一座摇摇晃晃的吊桥上进行的；第二组男生坐在这座桥另一头的一把长椅上。事实上，调查者感兴趣的是有多少参与者邀请这位女记者出去约会。差别很大：站在桥上的受访者中有 60% 的人打电话约女记者，坐在长椅上的受访者中只有 30% 的人约女记者。调查者得出的结论是，站在桥上的男生错误地将危险吊桥激起的心理冲动归因于漂亮女孩。换句话说，他们知道自己感觉到了什么，他们的意识错误地将这种感觉诊断为他们对站在面前的漂亮女孩的一见钟情，而不是害怕从摇摇欲坠的吊桥上掉下来摔死的恐惧心理。

类似的事情可能是导致标致 1007 汽车（Peugeot 1007）失败的一个重要因素。[21] 在 2002 年的巴黎车展上，标致 1007 最初以"Sesame"概念车亮相，公众的积极反应促使公司制造并推出了这款车。根据 2005 年的标致公司年报，"创意设计"让高管们欣喜不已。这种反应是不是归因于汽车滑动门的新奇？标致公司或其他制造商这样做是为了让它在展会上引起轰动，还是车展上的喧闹气氛让人无法辨别客户反应？然而，自该车型推出以来的滞销惨状表明，人们认为的大众对这款新车的积极反应，其实源自于当时发生的其他事情引起的兴奋感。

围绕某款产品创造合适的氛围——无论是举办一场激动人心的活动，还是围绕着一位"热点"名人进行宣传，无论是在人们享受做其他事情的乐趣时推销给他们，还是让他们觉得自己捡了个大便宜。正是因为潜意识的错误归因现象，才能提升品牌的吸引力。在体验产品的同时体验一种强大的感觉，足以让我们头脑中不那么理性的部分以一种它不会察觉的方式去感知事物。

虚拟环境

在线零售商有机会进行现场试验，从而能够随机地将客户分配到两个或多个备选页面布局或甚至完全不同的网站设计中去。这使他们能够在很大程度上控制客户的体验，并有机会探索环境的微妙变化是如何改变行为的。

具有如此大灵活性的挑战是搞清楚要测试什么。通过研究这些测试的成功之处，我们可以明显地看出，毋庸置疑，同样潜意识的关注会影响人们在网上的反应，以及在其他地方的反应。仍有一些人不愿在网上购物，因为他们觉得网上购物风险太大。然而，我们大多数人都经历过这样一个过程：发现我们想要的东西只能在网上买到，或者网上可以打折，于是我们就冒了这个险。在网上购物时感到安全的重要性，尤其是你的卖家是以前没有打过交道的零售商，或者不是你熟悉的商业街，这已经导致了无数保护方案的涌现。它们的重要性可以通过网站设计测试来证明，网址为 luggagepoint.com。他们发现，当他们把"黑客保险箱"（Hacker Safe）的徽章向右移动几英寸，并在它旁边移走一个促进国际航运的小横幅时，销售额增加 5%，每个客户的收入增加 11%。[22] 我仍然记得在易趣支付宝（PayPal）出现之前的那些日子里，我在易趣（eBay）上从美国购买吉他时的恐惧感。卖家坚持用大写字母打印电子邮件，这让我更加焦虑。这种对大写锁定键的相对罕见的无知，加剧了我对他是骗子的担忧。最终，频繁网购让这些体验变得平淡无奇，在这一点上，重要的是，我们对简单快捷的渴望得到了满足。易趣告诉我，我已经网购 70 次了，可我全然不知。

网站速度慢或网页不流畅，可能会导致销量下降。因为客户很难找到他们想要的东西，甚至网站首页加载速度慢，他们也会去别的地方。一项研究表明，除非屏幕上有东西告诉人们，信息正在被加载，只要人们愿意忍受两秒钟，他们就不会离开。[23] 谷歌发现，通过让谷歌地图（Google Maps）网站运行得更快（页面大小减少了 25% 左右），流量在第一周增加了 10%，仅仅三周后就增加了 25%。[24] 我强烈怀疑，这种现象的核心是潜意识的错误感知能力：等待页面出现时的轻微挫折感很容易被误认为是不喜欢页面提供的内容。

我现在用手机上网购买电视广告中插播的商品，一点也不担心。亚马逊的"一键下单"（one-click order）程序曾经是焦虑的源泉，现在却变得流畅了。我强烈怀疑，我从该网站购买的许多产品，可以从它的在线竞争对手那里以更低的价格买到，可是，亚马逊让购买变得如此容易，我从来都不想花时间去对比价格。当网页流畅度（习惯）和社会认同感等因素占据了重要地位时，虽然充分打折的价格是冒险从新的网站购物的一个理由，但它往往不能决定随后的行为。2001 年一项基于北美网络用户点击率分析的研究发现，只有 8%的人热衷于追求低价。[25]

以畅销书排行榜、推荐信或客户评论形式呈现的社会认同感，也是一个极具影响力的因素。零售客户告诉我，那些评论最好的产品会卖得最好；毫不奇怪，在看不到其他人在买什么的情况下，这些信息对在线顾客来说很重要。

有意识发明和选择性记忆

就像莫尔的工厂包装（参见第一章）一样，如此多的研究表明，人们不知道环境和背景是如何影响他们的行为和态度的，这并不能阻止他们为自己所做的事情和要这样做的原因提供一个明显可信的理由。当调查者提问时，无论动机多么高尚，顾客都会情不自禁地创造并延续购物神话——他们为什么购买，他们做了些什么。

在当地的一家百货商店里，我看到了一大群过客驻足参观一款新 iPod 播放器展览，展览的不但是 iPod 实物，还有 iPod 播放的音乐，这是让人无法抗拒的诱惑。我找到了几个人，问他们在去商店之前是否考虑过购买这款播放器，几乎 3/4 的人说考虑过。然而，由于我知道这款播放器是新上市的，并且意识到店内的"觅食"消费模式，因此我怀疑是不是有那么多人知道它的存在。后来，当我问这些人，他们第一次看到这款播放器是在哪里，他们中的大多数人说，那天是他们第一次在这家店里看到它。真是不出我所料啊。

当我在调查即时彩票刮刮卡（instant-win lottery scratchcards）的购买情况时，受访者倾向于相信他们是一时冲动买的。然而，我发现了这种冲动的一个奇怪的方面。当有人径直走到报刊亭的柜台去购物时，他们通常不会买刮刮卡，但当他们被要求排队时，他们就会买刮刮卡。刮刮卡的陈列装置是这样摆放的：顾客只会在他们真正站在柜台前的时候才能看到刮刮卡的侧面。有机玻璃支架显示的是刮刮卡纸板卷轴的侧面，而不是带有独特的银镶板和现金奖励字样的抢眼设计。当没有排队的时候，顾客不太可能被刮刮卡展示的视觉提示所影响，因此也就不太可能去买；排队创造了一个视觉上的机会，让顾客在不知不觉中注意到刮刮卡，而它的视觉触发了一些人的联想，可能这就是购买的欲望。

再者，我们无法准确地认识到周围环境的哪些方面影响了我们的行为，因此，我们有能力成为选择性的目击证人。令人不安的是，美国的一项研究发现，假目击证人的证词导致 3/4 的定罪被 DNA 证据推翻。[26] 爱荷华大学的心理学家在学生面前伪造了一项犯罪，并要求他们从 5 名嫌疑人中找出行凶者，而这 5 人当中没有一个是真正的小偷；84% 的学生愿意指控其中一个无辜的嫌疑犯。当他们被告知这 5 个人中有一人承认了罪行，而且他们声称验明正身的信心从 60% 增至 85% 时，愿意指控其中一个无辜的嫌疑犯的学生人数增至 90%。[27]

人们就像上述的目击证人一样不可靠。1991 年，超自然现象的挑战者詹姆斯·兰迪（James Randi）和英国女巫莫林·弗林（Maureen Flynn）进行了一项实验。女巫们使用的骗局之一就是在抛出大量的名字中寻找一种联系。实验进行了一段时间之后，詹姆斯提问了弗林女士的一位自认为阅读能力一直"很好"的女客户，在"阅读"持续的 30 分钟里，弗林提到了多少个名字。女客户估计弗林说出了大约 6 个名字。然而，一段录音的文字记录显示，弗林已经提到了 37 个名字。

从市场调查的实际兴趣点到被问及这一问题的时间间隔，使环境问题进一步复杂化。韦格纳（Wegner）、瓦切尔（Vallacher）和凯利（Kelly）进行了一项实验，通过采访即将结婚的人，探索人们在一段时间内如何定义他们的行为的变化。在结婚之前，他们通常会用浪漫的方式来描述结婚事宜；在接近婚期的时候，他们喜欢描述相关的细节（比如买花、穿结婚礼服等）；婚礼后的一段时间，他们倾向于谈论"姻亲"或"岳父、岳母、公公、婆婆"。[28]

正如我在本书开篇所说的那样，人类具有以一种扭曲的方式看待事物的非凡能力。我们会说服自己，迷信或另类疗法（非西医的方法）是有效的，尽管我们经历过无数次失败的例子，但我们依然相信它有影响力。这就是著名的"确认偏误"（confirmation bias），也使我们忽视了自己明显矛盾的行为。我们可以惩罚一个孩子说脏话，而忽略了一个事实——当我们有时不小心让铁锤砸到了拇指时，我们自己也说过同样的脏话。通常，没有人会注意到我们明目张胆的自相矛盾，但偶尔发生一件事，它就会暴露出来。

2007 年，《每日电讯》（Daily Telegraph）杂志刊登了一篇文章，讲述了威廉·巴灵顿 - 库伯（William Barrington-Coupe）的丑闻故事，威廉窃取了其他古典音乐家的作品，通过篡改和作假，最终署名为他的妻子乔伊斯·哈托（Joyce Hatto）的作品。乔伊斯自己也是一名钢琴家，但那时，她已经是一位体弱多病的七旬老人了。[29] 这个故事的转折点之一是，2006 年，哈托的一张"唱片"收到了来自《留声机》（Gramophone）杂志的知名乐评家布莱斯·莫里森（Bryce Morison）的点评。这篇文章报道说，布莱斯这样点评了乔伊斯演奏的《拉克曼尼诺夫协奏曲》（Rachmaninov Concerto）："最卓越的唱片之一……极好的……真正伟大的……充满诗意的斯拉夫式的忧郁。"

然而，15 年前，同样的乐评家对同样的乐曲的评价是这样的（尽管唱片改名了）："（演奏者）听起来很奇怪，他对《拉克曼尼诺夫协奏曲》的斯拉夫语言风格无动于衷……魅力全无……不简洁、不清晰。"没有任何迹象表明这位乐评家做了什么不妥的事。在那天，许多因素可能影响了他对音轨的看法：围绕这位多产的新钢琴家的兴奋之处、与同事的早期争论、他的听力的变化、他之前演奏的其他音乐的影响、他播放音乐的音响系统、房间的温度、CD 的包装、建议零售价，甚至是它的气味。但有一件事是确定的：虽然音乐是相同的，但他深思熟虑之后的善意又专业的点评是截然不同的。我们很容易认为，莫里森的自我矛盾使他自己变成了一个糟糕的乐评人，而事实上，我们真正应该从他的不幸经历中得到启发：他是人，和我们一样容易受到环境的微妙而重要的影响。

市场调查以任何看似最方便的方式进行着；零售商不希望那些带着剪贴板的采访者骚扰他们的顾客。但是，如果环境改变了人们的想法、感受和行为，那么，有什么机会进行可靠的市场调查呢？而且，鉴于我们所知道的我们无法了解自己潜意识的运作方式，受访者不知道他们受到了影响，因此不可能在调查中准确地汇报，或者把他们的行为准确地归因于潜意识。用于标记背景不突出的市场调查收集点的位置（网上、街头等）应该被看作是对他们的调查结果的内在不可靠性的健康警告。

了解顾客的地方是当他们处于自己的栖息地的时候，此时此刻，他们的潜意识暴露在任何可能塑造他们感觉的东西面前。令人欣慰的是，我们可以从观察顾客的行为中学到很多东西。

第四章

———

顾客行为：

为什么顾客会以特定的方式行事

如果你询问别人为什么要买东西，他们几乎肯定会给你一个"好"理由。以服装为例。也许他们买一件衬衫的理由如下：因为他们喜欢这件衬衫；因为他们需要一件新衬衫，或者因为他们准备留在即将到来的特别场合穿，他们想让自己看起来最美丽。这些理由看起来都很有道理，最起码比这两个理由更令人信服：他们购买衬衫，是因为售货员说了声"你好"；因为店里的更衣室很舒适。然而，到目前为止，这两种理由都显著提高了人们购买产品的可能性，也许你听到这个并不会感到惊讶。帕科·安德希尔（Paco Underhill）花了很多时间观察美国人的购物行为，他提出，当工作人员主动与顾客接触时，实际决定购买的顾客比例增加了一半；而当顾客使用商店更衣室时，实际决定购买的顾客比例增加了一倍。[1]

正如我在前一章中所说的那样，使用市场调查的组织面临双重问题。首先，根据定义，这些调查技术会让顾客脱离环境的影响——大厅、街道、家庭、观景设施，或互联网。这些技术是为方便而设，排除了环境对人们思想和行为的至关重要的潜意识影响。其次，每个人都有自己的背景，这将进一步影响人们的反应。调查的各种方法论标签应该被视为一种良性警告：这些结果脱离了背景，属于断章取义。

环境的潜在重要性是进行现场试验（稍后我将解释原因，由于这些质疑引起的问题，仅仅将现有的调查技术转移到我们的购物场所是不够的）和在线对比测试的有力论据。然而，它们也提供了一个有用的线索，以了解其他有用的顾客洞察。如果人们在不同的环境中思考、感受和（最关键的）行为不同，如果他们的行为不同取决于当时在场的人，如果潜意识以这样一种方式对环境进行屏蔽，让人们在不知不觉中受到它的影响，那么，了解这些人就应该了解他们所处的环境。观察顾客行为提供了这样的机会：在寻求更好地了解顾客的过程中，把所有这些环境变量都混合在了一起。无论是出于开发更好的产品或交流的目的去理解顾客的想法，还是为了更好地理解某个特定的计划有效或无效的原因，顾客的行为都很有启迪作用。

解读环境

根据宾夕法尼亚大学研究人员的调查，人眼每秒可以传输大约1000万条信息。涉及的数据数量之多令人难以置信。如果有人花了很多时间去寻找某样东西，然后在他已经搜寻过的地方发现了这样东西，他一定会知道我们可看的东西和我们看到的东西之间存在着巨大的差别。根据预测的最高数据，我们能够处理的信息最多是每秒40条左右（利用我们所有的感官联合处理信息，而不仅仅是视觉处理），因此，你们可以原谅自己没有在第一时间找到那些关键点！[2]

如果你下次仔细观察，很有可能，你第一次看到苍蝇围着你的脸飞的时候，是在你把头偏向苍蝇或举手指向苍蝇之后；潜意识扫描和反应之后，意识随之产生。正如之前对杂志广告和潜意识的气味的研究所显示的那样，这种双重智力活动并不总是被准确地整合在一起。潜意识会对周围的事物做出反应，并对行为进行调整，但未必会揭示原因。当同一个人评价同一套餐具时，这套餐具旁边有没有摆放一件艺术品，对评价结果不应该产生什么影响。但是，调查者发现，当艺术品在餐具旁边时，人们会认为餐具更豪华；这种情况也适用于人们对洗手液盒和浴室设备的评价。[3] 当然，参与实验的人都认为，一张照片的出现不会影响他们的判断。但他们没有意识到，当他们考虑展示在面前的家居用品时，他们的艺术联想得以激活，让他们更有可能沿着神经路径去寻找相似的价值观。

因此，如果你想了解顾客为什么会以一种特定的方式行事，那就必须能够像顾客的潜意识那样解读环境。这包括观察那里有什么元素，并接受这样的事实：无论这些元素多么无关紧要，都可能影响顾客的行为方式。光照强度、环境噪声、气味、周边产品、颜色、音乐、室内设计——无论它们是人工创造的还是自然存在的，都可能影响一个人的感觉和选择去做的事情。

有时，仅仅是对这些潜在影响的认识和比较，就足以提供关于什么有效或无效的强大假设。我的一个客户让我调查一个有抵触心理的零售商，帮他理解顾客为什么总是说得那么冠冕堂皇。很容易就能证明：所谓的卓越的客户服务并不总是得到证实，许多人甚至没有意识到竞争对手的报价（比如价格保障）中我的客户认为重要的方面。然而，商店环境的对比是巨大的。一个商店（我的客户的商店）用白色噪音（空调产生的）对顾客进行狂轰滥炸，顺便解释一下，在生理学研究中，白色噪音通常用于在生理研究中引起压力，属于快节奏的咄咄逼人的音乐；另一个商店是平静的绿洲。一个商店的品牌以谨慎和优雅的姿态脱颖而出；另一个商店则在货架通道上塞满了不知名品牌的廉价商品，这些商品装在了破旧的盒子里，摆在更高质量产品的前面。即使顾客以更好的价格购买了同样的产品，并从我的客户的商店得到了更有见地的服务，他们可能也不会感觉很好，因为在那种环境下他们不可能感觉有多好。在别的时候，我们有必要以我们现在所了解的影响顾客的环境因素为基础，比较这些因素改变后对销售和行为的影响。

顾客行为：真相至上

在最基本的层面上，行为"数据"就是真理。这是一个人在特定情况下真正做的事情。当你从这个等式中删除意图和自我辩护的表象时，剩下的就是实际发生的事情。只有一个警告，即受试者不知道自己正在被人观察，因此不会有意识或潜意识地改变自己的行为，所发生的一切是当时个人头脑中的意识和潜意识在起作用的结果。无论环境引发了什么样的潜意识联想，每个顾客在那个背景下经历过什么样的心情，都不会忘记去影响发生的行为。

当然，精确的观察会告诉你到底发生了什么，但为什么还需要一定程度的推理呢。也就是说，至少人们关注的焦点完全集中在顾客活动的正确领域，而不像市场调查那样总是依赖于某人自己的评估和对其经验的事后合理化。当英国哲学家伯特兰•罗素（Bertrand Russell）说："只有在发现别人动机的过程中，我们才能发现自己的动机，这也是观察自己的行为，并推断可能促成这些行为的欲望的过程"时，他是在评论个人反思，但是，观察别人的好处的隐含观点值得注意：如果你能理解顾客行为能揭示什么，你就能从中学到很多东西。

社会心理学家已经证明了观察而不是质疑（他人和自己）的好处。自我知觉理论（Self-perception theory）甚至提出了这个观点：我们通过观察自己在不同情况下的行为，可以开发自己的许多态度和感受。[4]我儿子对狗的厌恶当然不是基于对毛茸茸的四条腿野兽的概念上的厌恶，而是因为他两岁时在邻居家被一条没有驯化的、过度兴奋的斗牛犬追赶并撞倒而产生的恐惧感。即便到了 6 岁，当他意识到附近有狗的时候，仍然表现出明显的不适。如果你像我刚才那样问他，他会皱着眉头说："我不喜欢狗狗。"然而，随着时间的推移，如果我们养了一只狗，或者他花了很多时间和朋友的狗在一起，那么，他在狗身边就会变得舒服得多。在某种程度上，他会发现自己的反应是喜欢而不是厌恶。在某一时刻，如果你问他，他会说："我不介意。"或者"我非常喜欢狗。"我怀疑，再多的对狗的合理化解释也不能减轻他在狗身边的不适感——我确实尽力使他放心——但是，当他看到自己放松时，他的态度就会改变。

关于市场研究的弱点和观察行为的好处，超重的人在某种程度上说出了我们需要知道的一切。他们中的许多人对于在某时某刻减少食量持有真正积极的态度。许多人坚信，在未来某一时刻，他们的体重会下降。有些人满怀信心地表示，他们不会吃得过多或食用已知的高热量食物。许多人一开始就制定了特定的饮食和锻炼计划，经常会花费相当大的代价，他们明确的目标是改变自己的生活方式。当体重没有减轻时，有些人就会怀疑，他们相信自己遵循了规定的减肥计划，而且很简单，"节食不起作用"——为了减肥，他们的身体需要的不仅仅是减少卡路里摄入量和卡路里消耗量之间的比例。然而，如果你的公司的利润依赖于此，那么，无论他们如何严厉地盘问，还是有机会观察这些人在食物方面的实际行为，你都宁愿依赖他们的说法吗？不言而喻的是，我们将秘密地观察他们消费的食物、数量和频率，从而获得我们需要知道的一切。

正如我稍后将要讨论的那样，在观察行为时，为了保持客观性，有一些事情需要牢记在心。正如你们将看到的那样，确实有一些方法可以显著地提高基于行为的方法收集到的顾客洞察，但也有这样的情况：我们通常很擅长对他人的行为做出准确的评估。埃普利（Epley）和邓宁（Dunning）进行了几项研究来探索这个问题。在其中一项研究中，他们询问学生们会不会为慈善事业买鲜花，以及他们认为别人会不会买鲜花；那些说过要买水仙花的人中大约只有一半的人会这么做，这个比例更接近于他们说别人会做什么的平均预测。[5]

相关文献记载表明，人们往往对自己的看法过于乐观；虽然这可能会给他们带来心理上的好处，但会让他们不能如实汇报自己的行为。一般来说，我们喜欢看到我们做过的事情、正在做的事情，以及我们相信自己将来会做的事情的最好的一面。这也可能意味着，别人更可能同意另一个人是什么样子，而不是同意那个人对自己的评估；对他人的观察，甚至对我们个人特征的观察，并不像我们想象的那么主观（尤其是当我们被批评的时候）。[6]

观察的隐蔽性和客观性

在研究顾客行为时，如果调查"过程"不会影响结果，会有两个基本要求。第一，也是最容易实现的一点，就是观察需求要隐蔽：当人们知道自己被监视时，他们会变得更有自我感知，更有自我意识，并可能因此改变自己的行为（当我考虑到"观看设备"的愚蠢时，将会更详细地讨论这一点）。可以这样说，如果人们意识到他们的行动正在受到审查或监视，行为观察的好处会明显减少。

第二，也是更有挑战性的一点，就是观察客观性的问题。毫无疑问，观察的最大风险是确认偏误，这种倾向只看到或认为与观察相符或证实自己的先入之见相关。消除观察者偏见的一种方法是分离观察和推断过程的各个方面。当观察者只关注于记录所发生的事情时，他们很少会对所看到的事物妄下结论，然后潜意识地过滤掉与之相冲突的后续证据。当涉及观察行为时，虽然推理非常重要，但在理想情况下，它应该遵循一个单独的观察阶段。

那么，你应该注意些什么呢？这意味着什么呢？

实际的购买行为

当然，人们做什么才是首要兴趣。重要的不只是他们最终买了什么，而是他们走在哪里、停在哪里、在路上碰了什么、和谁说话。总的来说，这些度量有助于表明在任何时刻与任何方面的接触程度，以及与之互动的程度。通常，从客户选择的考虑组合中确定有多少备选方案也相对容易。

最有用的客观度量就是成交率：统计一下，参与某种购物的人中有多少人会真的购买？去商店或商店内某个区域购物的人中有多少人会真的购买？有多少人什么都没买就走了？

顾客思维的一个有趣指标就是时间。帕科·安德希尔发现，一个人在商店购物的时间（而不是排队等候）可能是决定他会买多少东西的最重要因素，此外，拦截率（interception rate），也就是店内员工留住的顾客量，在确定销售可能性方面也至关重要。[7]虽然这些数据都不是特别令人惊讶，但它们都是重要的行为指标，同时又因为它们相对容易观察到。

人们花在触摸商品上的时间也很重要，这是他们对商品感兴趣的一个重要指标。在另一项显示潜意识如何驱动行为的研究中，调查者发现，当人们长时间握住一种产品时，他们愿意为之付出更多。在一次拍卖中，人们应邀竞拍一只咖啡杯，在此之前，让他们花 10 秒或 30 秒的时间观察一下杯子。平均而言，那些握住杯子的人愿意多支付 50% 的钱。[8] 握住产品可能是顾客对欲望的反应，或是产品呈现方式的某些方面引发的反应。因此说，长时间的身体接触是顾客感兴趣的一个积极指标。

步行速度也可能具备启迪性。比较不同商店或同一商店不同区域的购物者的步行速度，可以清楚地显示他们有多舒适和放松。他们走路的速度慢得可以"放眼"周围的环境吗？或者，他们是朝着某个特定的目标前进，还是要逃离某个不舒服的地方？

如果顾客正在走马观花地浏览商品，并整体考虑购物体验，他们的步行速度就会非常不同。他们走路越快，注意力就越集中，就越难让他们注意到目标之外的东西。认识到他们的节奏在哪里变化，就可以突出显示你希望顾客注意的交流产品或消息的位置。

如果大多数顾客从商店入口处很快走向某产品或某类产品，这就表明他们对该零售商或该产品的看法。要么零售商根本提不起他们的兴趣（或者更糟糕的是，购买过程中不可避免的坏事），以至于他们宁愿不承认自己在哪里；要么就是产品如此重要，以至于他们能想到的只有它；在大多数情况下，知道有关的产品类型就足以说明这两种产品中哪一种会适用。

当顾客伸手去拿一件产品时，如果没有特别有意识地去关注该产品，例如，他们在选择产品时没有集中注意力，这是一个强烈的信号，表明此次购物既熟悉又明确；潜意识处理购买行为如此放松，从而允许其他的感官暗示通过。如果他们选择的是你的产品，这是一个好消息，但如果不是，而是你希望他们选择你的产品，这就意味着巨大的挑战。

一个零售商急于强调其在价格上的竞争力，把特价商品放在商店入口的右侧，理由是，不管顾客来商店是为了什么，最先看到的是特价商品，然后鼓励一些顾客购买，折扣如此诱人，他们一定会驻足考虑。在实际操作中，我可以看到顾客以轻快的步伐来到商店，直到他们来到目标产品的跟前时，脚步才会慢下来。甚至那些前来购买在商店入口处推销产品的顾客也没有注意到特价商品。顾客到达商店内明显含有他们要购买的产品的区域后，如果开始在商店里寻找，并希望别处可能出现一两个同类产品，那就很奇怪了；果然，他们都没有这样做。

　　在前一章中，我谈到了心理流畅，即潜意识在多大程度上喜欢遵循熟悉的路径。当潜意识几乎完全控制着一切时，通常很容易判断：观察顾客一小段时间，就会凸显出那些不假思索地判断的人和深思熟虑地判断的人之间的差别。专注于一件事的时间长短，是衡量心理过程水平的一个重要尺度。当行动迅速发生时，这表明，潜意识已经学会如何控制这个过程，并认为它没有风险；考虑程度成为人们对某产品或品牌的认知程度的标志。

　　当顾客毫不犹豫地选择竞争对手的产品时，你就会明白，个人对品牌的忠诚度要优越于态度或偏好评分的力量。

　　假如有人试图与某产品互动，比如，在展厅里按下汽车的按钮，即使钥匙没有插在油门锁孔里也无妨，或者将一根手指伸进包装内触摸产品，这并不表明顾客会购买产品。然而，你会学到更多关于如何改进产品描述和包装的知识，而不是那些人在你问他们的时候一定会说出来的话。当我看到顾客从架子上的塑料卡套中取下一张高价票时，我就推断，他们阅读这些信息有困难，无论是列表的简单性，还是文章的清晰性，都没有达到应有的效果。但是，当我问这位顾客时，她甚至不记得曾经碰过这张票，更别提她的动机可能是什么了。

　　当美国户外用品连锁店 REI 开一家新店时，花了很长时间在仓库里进行大规模的微调设计，但它仍然知道，唯一真正的测试是评估客户在现实中的反应。它不只看销售数据，还花时间观察试点商店的顾客行为。REI品牌的一个关键方面就是合作理念：顾客成为会员，数百万的美元被捐赠来支持保护自然的努力，这些努力直击购物者的内心深处。这种合作精神在商店中体现的一种方式是穿过一个公共活动室。新设计并没有将其作为建筑的外围元素，而是将房间置于商店的中心位置，将其抬高几英尺以突出空间。然而，当REI看到顾客在上楼梯前犹豫时，便意识到顾客们并不确定前方通向公共区域。在另一个版本中，公司重新定义了公共区域范围，以便顾客在购物时自然地穿过公共活动室。[9]

做出选择

观察还可以帮助确定人们正在使用的考虑组合，在大规模选择情况下，它还可以帮助确定他们是否能够处理不同的因素。在第一章中，我提到了一项果酱品尝调查，发现更多的人倾向于从更少的选择中购买，许多研究表明，当人们面对一系列的选择时，选项的数量对决定一个人经历的结果有多大影响，果酱品尝只是其中之一。

值得一提的是，选择并不仅仅是可用选项的数量问题。选项被分割的容易程度，每个选项的数据点的数量，以及选项的密度——它们之间有多相似——也将决定从它们中进行选择是容易还是困难。从超市买DVD，要比从专营店买DVD容易得多，因为范围要小得多。如果考虑到汽车引擎大小和车门配置，制造商可能有50种不同的型号，但如果你知道你想要一家制造商生产的中型家用汽车，选择就简单了：一两个型号，每个型号都有一些变体。

一般来说，当范围（或子集）更小时，我们更有可能购买，因为一种选择可以更明显地满足我们的需求。研究表明，人们对从较少的选择中做出的选择感到更满意；他们不那么担心其他的可能性可能是更好的选择。也有研究表明，当范围较小时，人们可能会认为范围较大：当范围太广而无法准确感知，人们低估了可用的选择时，问题就出现了。因为我们倾向于相信更多的选择是一件好事，所以，当我们无法应付的时候，就很难承认这一点。在这种情况下，我们更倾向于告诉自己，所提供的产品并不十分好，来合理化我们在选择时的困难感，而不是承认自己没有能力做出决定。[10]

观察人们正在选择的产品，也可以揭示他们已经找到的或者为他们自己创造的考虑组合。因为，正如我前面所讨论的那样，大多数判断都是相对的，因此，评估某项购买的方式将受到某人考虑它的参考框架的严重影响。有充分的证据表明，人们倾向于通过避免极端情况来避免风险。当然，我们都喜欢相信，我们买某东西是因为我们想买它，这样的决定发生在我们自己的平和又孤立的判断中。但多亏了潜意识，因为事实并非如此。

同样，我们要感谢的是诺贝尔奖得主丹尼尔·卡尼曼（Daniel Kahneman）和他的同事阿莫斯·特沃斯基（Amos Tversky），因为他们通过实验确认和证实了这种现象，并称其为损失厌恶。

他们做了很多实验，让人们做出顾客的选择，并改变可供选择的产品数量（像往常一样，参与实验的人不知道测试的是什么）。[11]在一种情境中，他们向受试者提供了三种价格的美能达相机，中间价位是 240 美元，然后，他们对比选择了 240 美元一台相机的人数比例；这个比例是从 50% 上升到 67%。在另一项实验中，基础选择中包括一个较小的品牌和高档松下微波炉，结果，选择中间价位产品的人数比例从 43% 增加到 60%，该品牌的市场份额则从 43% 增加到 73%。[12]

我在工作中发现，人们不仅倾向于在三个选项中选择中间的那个，或者在四个选项的中间两个选项中选择一个，还会努力构建一种情境，在这种情境中，他们会从广泛的选择中给自己提供少数选项，然后再做最后的抉择。观察有助于显示顾客在哪里选择以及如何选择，并为公司提供一个机会，通过店内定位、包装和沟通来影响参考方式。

做出选择的关键是，在拥有一套合理的选择和能够管理任务之间找到平衡。我观察到，顾客们在店里提供的选择面前不知所措，甚至在走出商店前都没有试着去看一看。有时候，把所有东西放在顾客面前的欲望只是掩盖了实际存在的东西。同样的情况也会发生在网站上，这些网站需要在它们能提供的产品数量和它们在任何时候在客户面前展示的产品数量之间取得平衡。当面对大量信息时，我们的反应往往是本能地浏览一下，而不是更仔细地研究每个东西。当饮食和运动跟踪网站"天天燃烧卡路里"（Daily Burn）测试其主页的备选设计时强调了这一点。将访问者可以点击的选项从 25 个减少到 5 个，结果，成交率提高了 20% 以上。[13]

吸引眼球

尤其重要的是，要知道人们在购物时首先看的是什么。在第二章中，我指出了我们是多么容易受到先入为主心理的影响，强调了我们首先看到或听到的东西。顾客第一眼看到的地方最重要，因为它可以为他们随后感知一切而指明道路。

虽然，知道人们在看什么并不能保证知道他们在想什么，但这可以是一个有用的参考点，尤其是在考虑到时间的时候。匆匆一瞥，表明潜意识在反射性地扫描它遇到的东西；假设它可能与它所看到的东西有什么即时的联系，这一点很具启迪性。长时间观察，意味着更多的区域经过了反射性扫描。这表明，他们正在寻找熟悉或感觉熟悉的事物。或者，他们正在研究的东西的（至少）某一方面在某种程度上得到了有意识的参考。当我的一位客户因为顾客似乎不喜欢他餐厅里的新鲜食物而感到沮丧时，我花了一些时间观察顾客到达时的表情。我意识到，他们首先看到的是标准化的装饰、预先印好的菜单和熟悉的品牌标识，很久以后才能看到手写的"特色菜单"，而这上面列出了当天新做的菜肴。早在食物到达顾客的餐桌之前，他们就已经把它们看作"标准"菜品了。重要的是要意识到，环境中的一切事物都不会产生同样的影响，而最先出现的东西将对塑造顾客对他们以后遇到的东西的看法具有最重要的意义。

在另一个项目中，一个零售店客户为他的商店投资了一台新固定装置。该固定装置放在了商店的中央，在入口处几码远的地方，上面陈列的东西和周围的东西大不相同。这位零售商这样做的目的是增加新设备上展出的产品的销量（明显是店里销量欠佳的产品类别），无论顾客是奔着什么来的，他都想让新设备上的产品成为吸引顾客的焦点。据推测，随着时间的推移，顾客对商店作为这些产品供应商的意识将会增强，这也将推动销售。可以理解，这位零售商急于了解客户对新固定装置的看法，并进行现场测试。

通常情况下，这位客户关于新投资的问题列表会被巧妙地转换成一组可以包含在定性讨论指南或定量问卷中的问题：这台固定装置有没有吸引力？产品展示得好吗？产品容易操作吗？产品标签上提供的信息是否有用或充分？怎样才能使陈列的效果更好？这个组织的所有相关方都想知道他们的固定装置是如何发挥作用的。然而，所有这些问题都有很大程度的预设。因为零售商花了很长时间思考这个陈列装置，因为他们相信它很独特。而且，因为它体积巨大，在店里很抢眼，所以，很容易假定该装置对客户的显著性和影响力。此外，正如你们现在理解的那样，人们对该装置的反应不一定会透露他们真正的想法和反应。没有顾客会说："是的，使用的颜色使我的潜意识徘徊在触发了我的意识的项目之上；然后，在成品质量方面的额外提示让我觉得那里的项目是固有的高质量；我还看到别人在那里停下来拿起东西，并有一种本能的冲动去模仿他们。"他们也不会说："我没必要说出自己对它的看法，因为我永远不会注意到商店入口处的那台弧形的、色彩鲜明的、有羽毛球场那么大的巨大装置。"

我们观察顾客在店内购物的过程，而不是只关注那些与固定装置互动的顾客，结果发现了一个非常有趣的现象：尽管固定装置看起来很显眼，但大多数人甚至没有注意到它——如何吸引人们的眼球呢？询问他们是否知道商店在出售固定装置上陈列的产品？产品摆在了固定装置的什么地方？甚至，他们从商店的任何地方出来都会经过这个弧形的紫色装置？有趣的是，人们围绕着固定装置走了很长时间，却没有朝这个方向多看一眼，更不用说驻足思考要不要购买了。他们不知道固定装置上陈列的产品是否可用，也不知道什么部位陈列什么产品，甚至不知道固定装置本身的存在。

当你对特定环境下的行为足够熟悉时，就可以从某人看某物的时间长短来推断出惊人的数据了。几年前，我在土耳其工作，每天坐上出租车，开启20 英里长的漫漫上班路——从伊斯坦布尔（Istanbul）的莫文匹克酒店出发，穿过博斯普鲁斯大桥到达一个名为图兹拉的小型工业区。不幸的是，当地的出租车司机似乎觉得我很好骗，总是绕道行驶，多赚我的路费钱；虽然我不是亲自付账，但也不喜欢被骗。鉴于我只会几句简单的土耳其话——"小心""请"和"谢谢"，不能很好地为自己辩护，最后受益的还是出租车司机。当时，我每天都去视察仓库工人，因此，我想到了一个主意，请这些土耳其工人给我写一份详细的《致出租车司机书》，其中包括一行字，说明我准备支付多少车费。我上哪辆出租车，就会把这份声明出示给它的司机。当我第一次把声明递给出租车司机时，我对自己重新控制了局面而异常高兴。但是，当车子开动的时候，我发现司机花了很长时间观看那张只字片语的纸条。此时，我才意识到他不识字。如果我没有立即明白这一点，事情很快就会变成这样。我总会这样想，就当作是我们乘坐渡船沿着博斯普鲁斯海峡逆风航行的一段旅程吧。

回到那个新的零售装置……我还看到，当人们偶尔停下来看看上面的展品时，也不会在那里站很长时间。从我的角度来看，很快就可以推测出原因：

该装置一个吸引人的凸面，在沿着主要走道进入商店的右手边。柔软的地毯就沿着这条弧形，延伸到装置之外几英寸的地方，因此，这里没有足够的空间供人站立。结果，我猜想，人们实际上站在了穿过商店的主要"道路"上，不知不觉地跟着擦身而过的行人加快了脚步。

当涉及评估促销材料或包装的有效性时，测试一件商品所受到的视觉关注的程度，可以用来诊断某件商品没有产生预期销售的原因。如果相关的项目没有得到长时间的关注，那么，很有可能这个人与"有趣的"东西毫无关联，或者对它足够熟悉，既能让人认出来，又能让人感到安全。值得注意的是，视觉传达必须首先吸引潜意识的关注，然后才有机会让人有意识地评价信息。对于潜意识来说，文字、图像和颜色是"重要的"，它们会让人注意到一些事情。

最近，我一直在帮助一个客户改善其店内销售点材料的影响。我发现有些客户经常不参与其中。他们正在试验的新设计有两个不同颜色的部分，很明显人们只看了其中的一半。我怀疑他们不知不觉地联想到了颜色和特别优惠，以至于他们会花很长时间去观察其中的一半，甚至有意识地投入其中，而忽视了另一半。在某些情况下，一条信息被分成两种颜色；此时，顾客错过了重要的信息，比如，交易的截止日期、折扣与什么产品有关。这次不经意间的"二合一试验"让我们更加明白了什么有效和什么无效。

观察情绪

当涉及理解顾客行为时，观察期表现出来的情绪会特别有用。当然，这些情绪只存在于一个人想要体验更好理解的"现场"背景中。

可以说，情感是潜意识和意识之间最好的联系。事实上，正如我已经解释过的那样，情感在大脑中并不是一个特别清晰的联系，并且经常被意识思维曲解，但这并不能阻止情感的表达。有趣的是，根据纽约大学神经科学中心教授约瑟夫·勒杜（Joseph LeDoux）的说法，大脑中主要与情感相关的部分和主要与意识相关的部分联系相对较少。[14] 正如查尔斯·达尔文（Charles Darwin）所指出的那样，虽然表情通常是不由自主的产物，但有时可能被意志力所限制。[15] 你可以从客观的视角暗中观察一个人的表情，注意他在做什么，尤其是当这个人情绪发生变化时，就会非常具有启迪作用。

这位顾客显得孤僻、忙碌、快乐、焦虑或沮丧吗？与员工的互动令人愉快吗？当我看到一位销售助理向一位顾客打招呼时，这位客户没有跨大步子，并回头去回答，很明显，这次交流开始得不恰当，或者不是时候，让顾客不畅快。当你看到一位顾客避开走在前面的一个销售人员时，只要你具备观察肢体语言的基本能力，就可以明白这位顾客并不自在。

通过密切观察顾客的全部"表情包"，你就可以很好地洞察顾客（或其他任何人）的心态。通过注意人们选择的措辞、语气，手势、姿势和面部表情，你就可以非常准确地解读他们在任何特定时间所持的自我状态（或心态）。[16] 关键是要观察全部的"表情包"，而不是错误地将重点只放在一个方面来推断，例如，因为某人双臂合抱，你就认为他们会感觉有点被动（他们可能只是觉得很冷，觉得双臂合抱更舒服，或者是在潜意识地模仿别人的行为）。观察一个人在经历一次零售体验时的情绪状态是如何变化的，并找出许多人反应相似的地方，这是识别零售体验的某个方面对情感影响的关键所在。

当涉及市场调查时，顾客满意度调查是误导思维的一个经典案例。它假设的是：一个因果颠倒的、事后合理化的、有意识的过程可以可靠地衡量这样的体验——也许是在许多天前发生的，而且，最重要的是，这些最初是经过了潜意识的过滤和加工。作为向顾客提供服务的组织，相关企业可以完整获得自己如何表现的必要信息；每当有人与公司打交道时，这些信息都是可用的。通过仔细观察统计适当的互动服务的随机样本，就可以获得关于公司表现如何的可靠观点，并确定问题领域（problem areas）。我认为，这样一种方法可以提供更多关于顾客感受的准确信息，而不是企图通过询问顾客去建立可靠的信息。

鉴于基本错误归因的问题，即人们错误地将他们对一件事的感受分配给另一件事，客观的观察也能判断出客户的负面反应与环境不相称，并可能反映出与所提供的服务无关的那个人生活的各个方面。举个极端的例子，一家医院在周五和周六晚上要处理酗酒急救问题。如果它要在此基础上改造紧急救护服务，那就不明智了。

"笑声"本身是一个非常有用的行为参照点。大多数人只要用心，就能分辨出真正的笑声和人为制造的幽默。耶鲁大学医学院前院长路易斯·托马斯（Lewis Thomas）观察到，新的发现出炉的那一刻往往伴随着惊喜的笑声。所以当他听到笑声时，他会把它视为一个信号，告诉你可能发生了什么值得一看的事情。[17]从科学和商业角度来看，如果人们玩得开心，这通常是一个非常好的信号。

随着年龄的增长，我们对所看到的事物和观看的方式的认识也越来越复杂。我们被教导不要盯着别人看。我们把多年来积累的价值观、偏见和不安全感投射到我们所看到的事物上，让我们确信自己是对的。我们的潜意识已经学会的模式服务于我们的基本需求，比如，父母的认同（对年轻时的生活至关重要）或自身的力量。结果是，我们失去了孩子看清事物本质的能力；社会层面的形势掩盖了当事人的真实意图。当我们客观恰当地观察时，就可以区分那些真正快乐的人和那些只是嘴上说自己以最被社会认可的方式结束交流的人。

倾听也能揭示人们的很多感受。如果有机会听到顾客对彼此或对员工说的话，请注意他们说话的语气和用词，这样可以提供很多信息。

一位客户让我帮助他们改善电话呼叫中心的顾客服务。像往常一样，当有可能这样做的时候，我开始秘密地监视他们的电话（打电话的人通常被告知，电话可能会被监控或录音，但是，被我听到的客服中心的人不会因为我的出现而改变他们的行为）。近年来，他们已经习惯对打电话给客服中心的人这样说："还有什么需要我帮忙的吗？"这个看似合理的问题究竟从何而来，目前尚不清楚。在顾客调查中，这很可能是口头上说的一种表示愿意提供帮助的方式，但我花了一小段时间倾听一位客户对这句话的反应，这让我明白，它并没有产生预期的影响。顾客反应的语气常常是生硬的——交流变得不平衡，也不愉快，这表明，他们渴望放下电话（从一开始，这通电话就不受欢迎）。我还怀疑，他们完全有能力在需要时要求进一步的援助。交流的本质并没有受到自动提问方式的影响。你们可以想想看，当一些演员重复四五次同一句台词的时候，他们能发出多么呆板的声音，而客服中心的工作人员每周都要重复数百次，因此没有表现出极大的热情和诚意，这也许并不奇怪。

观察人们如何跟随他人的脚步，这也是很有教育意义的事情。在第二章中，我讨论了在多大程度上，人们看到周围的人在做什么，就会感到安心，从而影响他们自己。看着一对年轻夫妇走在一条有几家餐馆的街上，他们在寻找一个浪漫的就餐环境。他们会看菜单，但他们也会看餐厅的人多不多；即便他们在计划一个安静的二人世界，通常也会避开一些空荡荡的场所，而选择一个别人也喜欢的场所。

最近，诺福克诺维奇大学医院的萨姆·舒斯特（Sam Shuster）教授进行了一项研究，得出的结论是：男性笑话是一种复杂的攻击方式。[18] 比如，当他骑着独轮脚踏车穿过泰恩河畔纽卡斯尔的街道时，男男女女旁观者的反应各不相同。他开始记录人们的反应，发现他们的反应随着年龄的不同而有着很大的不同。孩童时代的男孩和女孩都很好奇，但是，男孩们到了 11 岁就变得好斗起来，他们试图让他从自行车上摔下来。十几岁的小男生更多地使用轻蔑的笑话或嘲讽的言论；到了十八九岁和成年早期，他们就会诉诸重复的贬低和取笑，这掩盖了年轻男孩更公开表达的攻击性。年长的男性相对更为友善。通过对比年龄和性别的反应，舒斯特教授推测，荷尔蒙水平在青春期的变化很可能解释了反应的差异，甚至最终解释了为什么男性喜剧演员远多于女性喜剧演员。这项研究本身就很迷人，此外，它还揭示了行为观察是多么有用；当然，我想不出有什么办法可以通过询问人们如何以及为何使用幽默，或者他们对骑独轮车的人做出怎样的反应来获得这样幽默的理解！

当你观察人们与一家全国性零售商的顾客服务台的互动时，很明显，这种体验对大多数相关人士来说是可怕的。工作人员忽略了顾客，直到顾客主动联系，在随后的交流中，顾客服务代表把大部分时间都花在了看电脑屏幕上，而不是努力与顾客进行眼神交流——在人与人的交往中，人们通常会进行眼神交流。一些顾客显然从一开始就很生气，毫无疑问，他们对有问题的产品很恼火，他们不得不去商店解决这个问题。然而，对于员工的粗鲁和漫不经心的态度，别人的反应是从情感中立转变为焦虑、防御或愤怒。当需要另一名工作人员来解围时，柜台后面的工作人员会对着收银台向顾客喊话，顾客听到音量突然变大时，通常会做出身体躲闪的反应。

然而，当我向顾客询问他们刚刚经历过的体验时，大多数人表示他们对这次体验很满意；他们的反应似乎完全取决于他们设法解决了问题这一事实。当我问及他们对这家零售商的总体看法时，他们对这家公司的看法非常负面，他们似乎不怎么关心他们作为顾客的感受，对产品的了解也很差；这些评论完全符合我刚才目睹的那些令人不快的交流。虽然投票后民调（exit poll）会显示出很高的满意度，但真正的问题是，顾客认为糟糕的人际交往体验是品牌整体的症状；他们的期望值很低，关键是要得到满意的结果。顾客服务过程只是强化了顾客对商店的负面印象（人们认为，这家零售商正在努力改变其服务的其他方面）。对于一家努力提高品牌认知度的公司来说，从整体上理解客户服务体验所提供的信息量，要比人们自我报告的评价多得多。在这种情况下，一个积极时刻的光环效应，完全有能力掩盖一种现有的潜意识联想体验。

虚拟观测

监控技术的匮乏，最好留给政府机构去处理，所以，我们不建议观察在线客户的行为。然而，除了转换数据和销售分析之外，网络零售商还是可以很容易地获取大量的行为数据。鉴于页面设计是为了实现角色背景，确定访问者在每个页面上停留的时间，可以揭示它如何服务于自己的功能，帮助访问者在网上找到最终的目的地，当他们到达目标页面时，还可以发现该页面多么吸引人。

技术正在为网络用户的行为提供新的见解，例如，跟踪用户移动鼠标的位置和点击的位置，并以"热点图"（heatmaps）的形式对其进行总结。其他软件可以记录用户访问站点的情况，并实时回放整个客户旅程，还可以将这些数据汇总到报表中。这种跟踪是秘密进行的，以确保收集到的信息是对行为的真实洞察，而不是受到调查过程的有意识的影响，或是唆使作为对查看站点并对其进行评论的请求的回应。了解在线客户跳过某些内容的位置，或者得知他们无法触及页面底部潜在的重要信息，这样可以识别特定的弱点。[19]

眼见为实

据说，埃德加·艾伦·坡（Edgar Allen Poe）曾说过这样一段话：

你还年轻，但也该学会自己判断了。听见的不可信，看见的信一半。

说到了解顾客，我认为，这是一个合理的经验法则。套用一下艾伦·坡的话，我建议，我们从顾客那里听到的东西，完全不要相信；我们从顾客那里看到的东西，也只能信一半；销售数据几乎说明了他们所做的一切。但有什么证据可以证明询问别人的想法是不对的呢？

第五章

—

市场调查：

为什么有些调查会改变顾客的思维方式

想当初，随着 2000 年的临近，世界各国开始考虑如何庆祝和纪念千禧年，虽然这原本只是一个很随意的数字。

在英国，托尼·布莱尔政府将"世界博览会"展示活动的最初概念发展成了更为宏大的项目：有人突发奇想，要建造世界上最大的单屋顶结构，并在里面放一些东西来表明我们是谁，我们做什么，我们住在哪里。但就在这"千禧穹顶"长达一年的生命尽头，人们普遍认为这一创举一败涂地。

在 12 个月的时间里，650 万人参观了这个耗资 6 亿多英镑的景点。[1] 德勤会计师事务所考虑到"风险因素"，比如，内容不够吸引人和营销未能吸引到预期的各类游客的可能性，估计在"最糟糕的"情形之下，这一数据比最初的估计少 550 万人，将近低 20%。[2] 随后，尚奇广告公司（M&C Saatchi）发表了一篇题为《1200 万人会参观千禧穹顶吗》（*Will 12 Million Visit the Dome*）的事后评论，基于互联网时尚品牌（NOP）跟踪调查，得出的结论是：1200 万是个"保守"数据，有 1600 万到 1800 万人发表了声明，他们的言论导致调查公司将他们归类为"有望"或"易劝"的游客。[3]

更让人困惑的是，在千禧穹顶开放那年进行的调查发现，87% 的游客对他们的参观"满意"，86% 的人对千禧穹顶主人提供的服务"满意"；另一项调查发现，"几乎所有的受访者都知道这个千禧穹顶"。[4]

那么，问题出在哪里呢？当组织者询问人们关于千禧穹顶的事情时，持肯定态度的人最后降至 600 万人。讽刺的是因为他们问错了人。

我并不是说抽样调查是错误的，而是调查过程中受到质疑的人与最终做出购买决定的人之间几乎没有联系。在某种程度上，这是前几章提出的问题的延伸：某人决定参观千禧穹顶的潜意识影响和做决定时的背景之间的一种平衡。例如，当这个想法在几年前就在调查中被提出时，人们对日历上如此多的数字同时变化感到越来越兴奋。但是，一旦1月1日过去了，电脑千年虫问题（Y2X）还没有引发世界末日的善恶大决战，每个人都已经适应了1和3个9变成2和3个0，生活又回到了熟悉的模式。纽约是一个交通基础建设很差的繁忙都城，它的5个行政区都是不宜接近的自治市镇，如果去到那里旅行，就会备受指责（而且没有人指望那里真的像政府承诺的那样包含了"地球上最伟大的表演"），[5] 这似乎不是一个很有吸引力的提议。

然而，这不仅仅是一个没有在实际环境中欣赏千禧穹顶的问题。互联网时尚品牌（NOP）在2000年4月和8月进行的另一项调查显示，1500万人和1240万人"已经参观过，可能会去参观，或者可以被说服去参观"。[6] 随着千禧穹顶的愚笨之处被公开曝光，为什么人们仍然说他们会去参观，而实际上，正如年底的数据所证明的那样，他们不会去参观呢？答案是，调查采访的过程不仅仅是忽略了人们行为的关键因素，还改变了人们的思维方式和思考内容。

在如今社会，有太多的时间和金钱以这样或那样的形式花费在市场调查上，在某个阶段，一份统计数据或报告很有可能被推到你面前，促使你做出某种武断的决定也无妨。对调查质量的关注往往集中在样本的有效性和数据差异的统计学意义上，但正如千禧穹顶的经验所表明的那样，统计方法可能是纯粹的，结果仍然会严重误导。大多数问题都应该避免的原因有13个，本章将逐一进行详细探讨。

1. 不经意的暗示会引导人们的想法

提出某事作为一个问题，可以将其推入受访者的意识思维的层面，以便得到有意识的回应。它还经常假设这个问题对相关人员多么相关或有趣。在一种可以理解的尝试中去探究某人对某事的看法，你问他们这件事的事实，这本身就是对现实的一种潜在扭曲。例如，在询问我认为一个品牌（或你自己）有多值得信赖时，你会假设，在做决定的那一刻，信用度是决策中的一个有影响力的变量。

当我的一位客户让我帮助他们了解他们在新商店设计上的投资是否值得时，就说明了这一点。当他们之前测试新商店设计时，使用了"陪同购物法"（accompanied shops）[7] 对顾客的体验进行调研，以获得反馈。调查者会提前告诉顾客，新商店改进显著，很受顾客喜爱。

然而，当更多的商店进行了改装，并可以根据其销售业绩与不动产的其他部分进行评估时，客户看不到任何经济回报足以证明额外的投资是合理的。

不幸的是，调查者在陪同购物中提出的问题促使顾客考虑到商店的各个方面，尤其是公司投资的那些方面，以及他们希望调查公司反馈的那些方面。这些问题的前提是顾客体验中新元素的重要性和存在感；一旦调查者询问了商店的某个元素，受访者就有理由去检验它，有意识地评价它，然后做出回答。

我发现，商店中包含的许多新元素都没有被顾客注意到，而商店在零售体验中潜意识参考的关键元素并没有改变。特别是，顾客们浏览商店的周边区域，以便给它导航，使他们在浏览环境时能保持一个焦距，并忽略商店中间创建的相对较大的功能，但这与他们的访问无关，也不需要参考导航。

当他们不仅知道那里有什么，而且已经决定投资相当多的钱在那里时，这种现象很难被人们接受，但在心理学上有充分的文献记载。西蒙斯（Simons）和查布利斯（Chabris）等人的研究证明，如果人们的注意力集中在其他地方，他们往往会忽略明显重要的视觉事件 [即使是一只捶胸顿足的大猩猩走到一群篮球运动员当中，他们也可能因为所谓的无意视盲（inattentional blindness）而忽视它]。[8]

当你意识到别人不具备非凡的观察能力时，你会更加意识到你自己也一样；根据我自己的经验，我并不擅长与之斗争。写完这篇文章后不久，我在易趣上搜索一个我感兴趣的高尔夫俱乐部品牌。一个卖家已经列出了我感兴趣的俱乐部，我点击列表来阅读更多内容。但是，页面上提供的信息相对较少，只有一幅图片和四行文字，差不多只有 13 个单词 [1]，字体比通常供阅读的字体大得多。此外，该易趣店的店主还销售与之无关的产品。他还补充说，这些高尔夫球杆是私人交易，而且令人放心的是，这不是武术武器。

看完信息后，我给这位卖家发了一封简短的邮件，询问俱乐部的情况；因为图片分辨率太低，无法分辨，我有点担心这些最基本的信息没有包括在内。在发送完邮件后，我又回过头来看列表，出于某种原因，我再次查看了这些信息（如下所示，和广告中完全一样）：

旅游边缘高尔夫球

铁木杆，易弯曲

5-9 号到劈起杆外加沙坑杆

完好

我给卖家发了电子邮件，并为我的无意视盲道歉！一旦人们同意参与研究，他们几乎总是能提供足够的帮助来回答他们被问到的问题，这无助于调查的准确性。然而，所提供的所有答复并不是对有关问题的公平思考或认识的结果。当人们被问及是否认为美国政府应该在反导弹屏障（antimissile shield）上投入财力时，结果似乎相当确定：64% 的人认为国家应该这样做，只有 6% 的人不确定。但是，当民意调查机构在"你是不是不确定"的问题中简单地增加了矛盾的选项时，不确定性从 6% 上升到 33%！当他们稍稍往深处问受访者，如果政府采取与他们喜欢的路线相反的行动，他们是否会感到不安，59% 的人要么没有意见，要么不介意政府做不一样的事情；好像大多数人都不支持花光所有这些钱。9

---

[1] 合计 28 个汉字。——译者注

事实上，对某事的询问会凌驾于这件事在某人经历中所占据的自然状态之上。很难预先知道人们会觉得什么有趣或值得关注——因此，向他们提出这样的问题是非常冒险的。当调查把焦点放在这个问题上时，它就会让人们以一种他们不愿意的方式来考虑这个问题，从而捏造反应。

问题改变心理过程的方式不仅仅破坏了向别人提问的过程。当你问自己一个关于顾客体验的问题，可能会导致你得出错误的结论时，也会出现类似的问题。最近，我在观察顾客评估一份新商店设计的影响时，就证明了这一点。在这家商店的几天里（以及之前为客户工作的那段时间），我有机会观察到很多顾客在那里购物。虽然在对环境的反应上有一些重要但微妙的差异，但大多数人的行为方式非常相似。从我的观察和随后对他们的采访中得知，当人们来到这里的时候，他们通常会处于一种非常拒绝的心态，他们会筛选出商店的大片区域，并专注于（至少在最初）他们看到的特定产品。这家商店位于一个零售园区，几乎没有"过路交易"或浏览，因为购物者在做决定去那里旅行时，要有相当大程度的有计划的、有意识的思考。在商店设计成功的地方，确实吸引了人们进入其他产品领域，观看和与其他产品互动，我知道这些设计的目的是什么，也知道固定装置的位置和设计以及产品的性质如何影响了顾客的行为。

第二天早上，两个人走进商店，行为举止大不相同。他们毫无计划地开始了对整个商店的系统性扫荡。他们看了所有的东西：招牌、灯光和地毯。很容易得出这样的结论：这些人不是来商店购物，而是"观察敌情"。我知道我的客户和主要竞争对手之间存在着激烈的竞争，根据他们的外表，我猜想这些人是竞争对手零售商的高级经理。我决定试着在他们"视察"访问结束时"采访"他们。

当我问他们是否愿意参加某项调查时，有一阵短暂的停顿，我怀疑两人中资历较深的那个人在权衡他向我了解他的竞争对手的情况的机会和他对参与这项调查的恼火感。他的职业好奇心占了上风，他同意回答一些问题。他的回答证实了我已经观察到的情况：他对这家商店的评价与真正的顾客完全不同。他使用了商业术语，并比较了全国各地的其他商店。他谈到了照明系统、标识和商店的流程，并对新的固定装置进行了美学评价。真正的顾客不会谈论这些事情，也不会在购买体验中对它们进行任何有意识的评估。事实上，在意识层面上，大多数人对这些元素都视而不见。

毫不奇怪（至少对于精通事务分析原理的人来说），这两个人根据他们对商店设计的有意识的、适度的（成熟的）评估得出的结论与真实顾客的反应完全不同。在很多方面，只要他们问自己一个完全合理的问题："我想知道那家新商店是什么样的？"为了回答这个问题，他们决定去看看，那么，他们注定会曲解他们所看到的东西，至少在顾客如何直接或间接地评价它方面是这样。顾客有一个非常不同的视角，专注于意识问题（"他们买到了我想要的东西了吗？"和"我想买的东西在哪里"）和潜意识问题（"我在这里感到快乐和安全吗"和"我觉得自己能掌控一切吗？"）这两个人对这家店的看法与顾客的看法不同，他们还可能会去看另一家商店！

2．问题会改变人们的想法

也有证据表明，简单地问别人一些问题会改变他们提供的答案。威尔逊和斯库勒（Schooler）设计了一项实验，让人们品尝一系列质量不一的果酱（根据专家品尝小组的结果），并要求他们对这些果酱进行评级。一些参与者被问及喜欢或不喜欢每种果酱的原因，然后进行评分；另一些人首先接受了一份无关紧要的调查问卷。结果发现，那些有意识地去解构自己的果酱偏好的人，设计出了与专家们不同的标准，根据这些原因对他们进行打分，选出最好的果酱，结果得出了不同的结论。相比之下，那些没有被鼓励以这种抽象和人为的方式来思考果酱味道的人，他们的偏好与专家组非常接近。[10]

我们喜欢自身的判断是独立的这种说法；毕竟，这是我们自己的判断，它将成为它想成为的样子。然而，有关调查表明，我们的判断比我们想要相信的更具延展性。托马拉（Tormala）、佩蒂（Petty）和克拉克森询问了参与者对于一个虚拟商店的印象，这个商店的详情基于它的三个部门。[11] 商店的描述总是一样的，但参与者在看到信息变化之前立即接触到这些信息。结果是，不管这些信息是关于竞争的商店、汽车还是假设的人，其性质都会影响人们对百货公司描述的反应。当第一个信息更粗略、信息量更少时，人们对这家商店的印象更积极。

环境信息如何影响人们，这一点很容易演示。如果你让别人想一个数字，他们通常会说 7，这是 1~10 之间的数字（因为这是一种常见的心理联想）。然而，如果你让别人想一个数字，但你先告诉他们，你自己想到的是数字 876，那么，他们很可能会想到三位数或四位数。你可以用类似的方式来演示看似无关的信息如何引导人们的想法。设计一个理由让别人想出一个更大的数字，例如，先谈论大西洋有多宽，然后让他们想出一个数字。举个语言方面的例子，你可能听过一个脑筋急转弯：有一架飞机进行跨国飞行，就在两国的边界线上发生了坠毁事故，不幸丧生的人来自两个不同的国家，请问：幸存者将会葬在哪个国家？每个人都知道你不会埋葬幸存者。然而，当回答不够清晰时，潜意识就会准备好抓住当时可用的任何外围信息，并将响应与之联系起来，而不管其相关性如何。

销售人员知道，他们可以在达到"便宜"价格之前，通过使用更大的数字来对产品价格做出先入为主的反应。同样，顾客也会蜂拥购买打折商品，即使他们对商品未打折前的价格一无所知也无妨。[12] 当人们一直在用数字来思考问题时，他们会用数字作为一个基点来定义另一个数字。

人们也有可能被最微不足道的建议潜移默化。当我和一个朋友参加一个慈善集会的时候，我一直在哀叹，自己忘记买新牙膏了，牙膏管里就剩那么一点点牙膏了，我还得使劲地挤出来。后来我们路过了一家超市，或是药店，我才有了新牙膏。我的朋友也表达了同样的担忧，他说，他从英国到葡萄牙的 5 天旅程中，只有一家航空公司提供的一个洗碗盒里装着一盒牙膏。他本来希望附赠的剃刀和牙膏能维持到这次旅程结束，但后来，他不确定了。第二天，他发现根本没有牙膏了。由于事先听说了其他航空公司分发的旅行套装，以及旅行牙膏的量，他只好按计划刷牙。他认为，这不是薄荷味的牙膏，也不是美味的牙膏，但把这归咎于航空公司对供应商的糟糕选择。第二天早上，他的嘴巴因为一种特别难闻的味道变酸了，他又检查了一下牙膏管，却发现里面含有剃须膏。

我们似乎不可能阻止这种先入为主的观念。当卡尼曼和特沃斯基对行为决策理论进行开创性的研究时，他们在数字答案的周围放上数字，例如，从编号为 1 到 100 的轮子看起来是随机旋转的（事实上，他们控制着结果），他们观察到，人们对带有数字答案的问题的后续回答会受到转轮旋转的数字的影响。[13]当蒂莫西·威尔逊让人们在电话簿上猜测医生的人数时，他给出了一份丰厚的奖品，并警告一部分参与者，在进行估算时，人们可能会受到之前问题中看到的数字的影响，并敦促他们尽可能做到准确。即使在这种情况下，当人们可能被期望利用他们所有的理性资源时，所提供的估计数字也会受到前面问题所列的无关数字的影响。[14]

先入为主的植入在调查中的作用有多大？《意见制造者》（The Opinion Makers）一书的作者，盖洛普民意调查组织（Gallup poll）前高级编辑戴维·W. 摩尔（David W. Moore）比较了两份关于美国公民支持在阿拉斯加野生动物保护区（Alaska's wildlife refuge）开采石油的民意调查。其中一项调查发现，关于在那里钻探的问题，人们的反对率为 17 个百分点。另一项调查是在第一次钻探的一个月内进行的，结果发现人们的支持率也是 17 个百分点（两项民意调查都符合委托他们的团体的利益。）该调查发现，在回答这个问题之前，有 13 人对石油成本和本国对外国供应商的依赖表示怀疑，但更多的人支持钻探，另外，这项民意调查发现，更多反对的人只问了阿拉斯加那个地区的钻探问题。[15]

心理学家还发现，人们对一组产品的评价方式会改变他们对后续产品的评价。当一个过程鼓励人们思考品牌之间的相似或不同之处时，就像"市场测绘"（market mapping）练习那样，[16] 它可以从根本上改变人们对另一个不相干产品的看法。[17] 人们思考第二种产品的方式，至少在某种程度上取决于之前的练习。

同样，一些研究发现，一种产品或一系列产品的潜意识影响，会对另一种完全不同类别的产品产生反应。对广告的反应也是如此：人们看到一款高级产品之后，又看到一款初级产品，他们发现，高级产品比被孤立看待时更有吸引力。[18]

最近，调查者通过操纵一篇关于电影节影评的文章的难度来进行实验，要求人们在观看一个手表广告之前阅读这篇文章。他们发现，如果这篇文章很难读（他们操纵的是所选字体的类型和大小，而不是内容本身更主观的调整），人们对随后一个容易处理的广告反应更积极。似乎，在这篇难读的文章的背景下，能够轻松地理解广告的积极效果是无意中投射到广告上的。该调查还发现，当广告与文章内容有联系时，即使广告更容易阅读，人们也不太喜欢它。公司和难读的文章之间的潜意识联系似乎也让读者不那么喜欢广告中的产品。[19]

调查者应该做比较，这是非常合理的，无论是竞争品牌，不同的产品配方，还是一家公司选择的包裹选项，抑或是在竞争中取得相对优势。毕竟，你知道你的公司有 65% 的目标顾客是"值得信赖的"（不管这意味着什么），趣味不及你知道你的主要竞争对手只有 41% 的人是值得信赖的。为了实现这一目标，该调查必须向受访者提供许多不同的选择，并提出它认为有趣的任何问题。不幸的是，为了调查设计的利益而强加了许多选项，这种调查创造了一个人工维度，可以影响它接收到的反应。

我们是否喜欢某样东西是一种独立的、与我们的品味有关的东西，这样想会很好；毕竟，在某种意义上，我们通过自己的选择来定义自己，我们可能认为只有我们自己才能控制这些选择。然而，心理学家发现，选择的范围和性质会影响人们的选择以及他们对此的感受。人们会发现，在选择种类更广的巧克力时，与选择范围更有限的巧克力相比，他们最终选择的巧克力味道更差、更不愉快、更不满意。[20]

在人们会从许多选择中选择什么的话题中，也出现了同样的问题。当调查者让人们在两款相机中进行选择时，一款是售价 169.99 美元的美能达 X-370，一款是售价 239.99 美元的美能达 3000i，结果，50% 的人选择了美能达 X-370。然后，他们增加了第三种选择，一款售价更高的美能达 7000i，价格为 469.99 美元，结果，选择 X-370 的比例下滑了一半以上，降至 21%。[21] 还有一项研究，在 CD 播放器的独立产品上添加第二选择，结果导致决定购买某一产品的人数比例从 66% 降至 54%。[22]

在另一项研究中，医生会给病人开一种治疗骨关节炎的新药，而不是把这些患者推荐给专家。当另一种药物作为备选方案出现时，决定将患者推荐给专家治疗的比例显著增加。我们所做的选择并不是绝对存在的，它取决于可供选择的数量。

3. 无意中受到调查者引导

人们天生乐于接受建议。我说的不是"持枪抢劫一辆保安车"之类的险事，这是德伦·布朗式（Derren Brown-style）的建议（尽管一小部分人是易受影响的），我指的是我们都会潜意识地过滤周围发生的事情，并因此产生一种特殊的感觉。例如，如果有人问你，五年后你的生活将会有什么不同，你可以考虑你日常生活的任何方面，并推测将来会发生什么变化。然而，如果有人问你，你的生活将会有怎样的不同，其中也包括一两个提示——也许是问你是否会住在同一所房子里，从事同样的工作，那么，你谈论住宿和工作的可能性非常高。[23] 虽然这样的问题不太可能（虽然也不是不可能）被优秀的市场调查者使用，但这个例子说明了一个问题，它可以更微妙地自我呈现出来。

潜意识全神贯注于快速处理和过滤大量的信息，它参考了我们环境的无数方面，包括它所听到的内容，还根据它的发现来调整我们的状态。一个特定的单词或短语会引起一系列的联想：我们首先得到潜意识的反应，然后有意识地理解它（这就是为什么我们能够如此快速地沟通，而不必知道我们要提前说什么）。其结果是，我们的决定和反应变成了所说的内容的副产品，根本就不是固定的个人价值观。心理学家把这个问题称为"框定"（framing），它不仅影响我们的抽象思维，还影响我们的行为。

在一个实验中，要求医生、病人和学生在两种治疗肺癌的方法中进行选择。他们获得了关于手术和放射治疗效果的生存数据；一组被告知存活的概率，一组被告知死亡的概率。当这些信息告诉他们，选择手术的人有68%的可能性活过一年，75%的人选择了手术。然而，当这个问题框定了基于死亡率的数据（即32%的人将在一年内死亡），只有58%的人选择了外科手术。[24] 另一项研究要求人们根据对父母的简短描述来决定谁在离婚中得到孩子的监护权，研究表明，答案会发生显著变化，这取决于他们会"把监护权判给"谁，还是"拒绝给"谁；措辞上的简单变化使大多数人从父母一方转到了另一方。[25] 人们发现，民意调查对所用语言的选择极为敏感。例如，一项民意调查更有可能显示出公众对某个问题的支持，因为它把问题框定为政府"不允许"而不是"禁止"。[26]

不幸的是，很多问题是由于没有"框定问题"而引起的。当以一种抽象的方式询问调查时，就会导致与提供更多信息时不同的结果。当你没有考虑到真正的成本，当问题没有促使你去考虑它时，你就很容易会赞成某事。关于更新和扩大美国儿童健康保险计划的 4 项民意调查发现，支持率从 40%（52% 反对）到 81% 不等；这些差异似乎源于对该计划不同程度的解释，该法案是否有明显的政治分歧，以及是否提到了成本。[27]

值得注意的是，参观千禧穹顶的门票价格直到 1999 年 3 月才公布，两年前的一项研究曾用于估计游客数量。[28] 然而，即使对那些不知道门票价格、景点的性质和质量以及媒体的批评反应的人给予了补贴，在 2000 年 8 月进行的一项调查（那时千禧穹顶已经开放了 7 个月）仍然将 1240 万人归入这一类别——"已经参观过的人，可能会去参观的人或者可能会被说服去参观的人。"[29]

4. 表达方式会影响调查结果

尽管调查者可能愿意相信他们当时是冷静的（正如我之前提到的那样，值得怀疑的是，是否有很多人真的达到了一种不具影响力的提问方式），在向别人展示或描述你想让他们和你谈论的事情和在他们的脑海中推广这件事情之间有着十分微妙的区别。

有力的证据表明，人们会受到信息生动表达方式的明显影响。例如，当调查者向非洲饥荒灾民发出"拯救儿童"的呼吁，在谈到以数百万人受影响的统计数字表示的问题的规模时，捐赠的钱只有在描述这个问题对一个小女孩的影响时的一半。[30]

从本质上来讲，在调查背景下，要求受试者站起来思考一个特定的问题，或者向他们描述一个品牌或产品来进行评价而产生的对主题的关注，那就显得有点矫揉造作了。然而，它也可能以某种方式呈现信息，从而影响人们对信息的反应。你给受访者考虑的细节越多，他们就会说得越多。但在提供对品牌、产品或服务的生动描述时（甚至在询问受访者需要他们在脑海中构建这样的描述时，也可以想象得到），另一个无意中的影响来源已经被引入，顾客就变成比距离现实世界中做出购买决定又远一步的人。人们很容易想象到，受访者在脑海中对千禧穹顶的"地球上最伟大的表演"产生了生动的印象，并说服自己，只要它一对外开放，他们就会去参观。然而，尽管花费了 4000 万英镑，但那些负责吸引游客的机构却无法通过他们的营销努力再创造同样水平的欲望。[31]

如果调查以一种人为的方式解构或包装主题，它就不可能准确地反映人们的真实想法或行为。

5. 无意中的说服

对于定性调查来说，询问人们对某一产品的喜好是很常见的事情。任何对正在开发的产品的调查评估都可能会询问顾客或顾客群体对产品的看法。要么是公开的，要么是因为它是对新事物进行有意识评估的自动基础，人们谈论他们喜欢或不喜欢正在展示给自己的东西。虽然这看起来似乎是内在平衡的，因为他们正在寻找积极的东西，也在寻找消极的东西，但在寻找和假设积极的东西时，有一种风险是，受访者潜意识地改变了自己的立场。

你可能认为信念是内在稳定的。人们会为自己的信念付出很多，有些人甚至会作茧自缚，为自己的信念而死。当然，市场调查多年来一直对信念感兴趣，并认为信念是支撑态度的基础。调查问卷通常包括受访者可以同意或不同意的态度陈述；这提供了一种方法来获得超出定量调查的单音节局限性的回答，而不产生使用开放式问题的成本，这些问题以后需要分类成有意义的团体和比例。这些问题对调查者来说是"美妙的"，因为态度陈述的必然内容确保了调查对象可能不会在结构化调查中表达的数据。

然而，社会心理学家已经表明，让某人谈论某事可以改变其对话题的看法。詹尼斯（Janis）和金（King）发现，信念不是固定不变的，而是可以通过行为产生的。如果受访者在演讲中扮演一个相信某个特定问题的角色，那么，在此之后，他们成了这个问题的信徒。[32] 换句话说，演讲的行为形成了"信念"，而不是在被迫的经历中始终如一的先验信念（prior belief）。

所以，如果调查者问："你们认为公司在这个广告中是怎么宣传他们的产品的？"那么，他们没有意识到，受访者概念化沟通信息的过程可能会让他们倾向于接受该产品。

沈浩和王寅最近的调查发现，简单地让人们选择购买或拒绝一些产品，就能鼓励受访者在选择不利的产品之前先搜索有利的属性，看到下一个产品时也比平时更顺眼；这个问题本身促使人们更积极地思考。[33] 最终，让某人评估某事的过程可以改变他们对这件事的真实感受，或者他们对你随后与他们谈论的另一件事的感受。

6. 人为地解构顾客体验

蒙目测试是调查技术的一个很好的例子，这种技术通常被用来提供一种"无偏见"的理解，即在购买产品的人的心目中，一件产品的表现有多好，但同时他们却不知道这些想法是如何运作的。那种认为未经品牌测试的产品在某种程度上得到了更客观的评价的观点完全是错误的（比如，可口可乐公司新可乐的代价）。在现实世界中，我们不再闭上眼睛、捂着鼻子来评价事物，因为这样会忽略我们购买产品上贴的商标、包装盒的外观和触感，或者被询问的价格。

我们对品牌的依赖并不意味着某种形式的肤浅或缺乏智慧；它是一种实用的系统，将产品关联打包成一种潜意识鉴别的设备，这样就不需要在每次购买时对备选产品进行复杂而冗长的意识评估。这个系统并不完美，而且我们最终可能会购买一款产品，这个产品名义上与一组属性相关联，实际上却并不具备这些属性。这一事实在大多数情况下不会使这种方法失效，也不会提供任何实用的备选方案。面对数百种选择，客户需要一种方法来过滤可用的内容；我们（通常）不再需要防范威胁生命的动物攻击，这种潜意识精神力量可以帮助我们快速获得一罐好豆子。

我们很多人都认为自己并不肤浅，不会受到某些书面宣传文字的过度影响，但最近的调查表明，我们受到的影响比我们想象的要大得多。杜克大学的调查者发现，即使当品牌标识在潜意识中得以显示（在意识知觉之下快速闪过）时，受访者随后的行为也会发生变化，从而折射出这些品牌的既定价值。在下意识地让人们接触到苹果或IBM的标识之后，将人们对创造力任务的反应进行比较，结果发现，那些看到具有创新精神和创造力的不墨守陈规的前一个品牌的人，会为日常用品（本例中是一块砖头）设计出更不寻常和更有创意的用途。他们用迪士尼频道和八卦频道[34]的标识进行了另一项测试，结果发现，在随后的测试中，那些受到迪士尼影响的人表现得要诚实得多。[35]由于这些人都不知道他们看到了相关的标识，他们不可能受到这些标识的有意识影响，也不可能解释他们在任务中的后续行为；就他们而言，他们只是做他们自己，表现得像他们通常认为的那样。

在功能性磁共振成像研究中，德国放射学家们发现，品牌可以改变人们的思维方式。在研究志愿者的大脑活动时，调查者向他们展示了不同的品牌（汽车制造商和保险公司），并要求他们回答关于这些品牌的基本态度问题，结果发现，在处理强势品牌时，大脑中涉及情感处理和自我认同及奖励的区域被激活的程度较低。[36]当我们从这个角度来考虑产品的影响时，至少可以乐观地认为，我们可以通过"蒙目测试"来学习任何与产品销售业绩相关的东西。

考虑到人们编造答案的能力，我在为饼干生产商做品牌和产品开发项目时测试了这些答案有多不可靠。我让人们品尝一款新产品（不要给他们看包装），并说出他们的想法。这款产品得到了广泛的认可，受访者中有很大一部分人声称，他们曾经买过这家公司的其他产品，如果可以在该公司的某个销售点买到这款新产品，他们就会去购买。然而，我相信，推出该产品不会为公司带来成功的销售。事实上，它已经上市了，就在受访者几年来经常购买的产品旁边。后来得知，我采访过的几个人实际上都曾经购买过这款产品。在这种情况下，品牌的包装并没有促使顾客对产品口味给予高度的重视，即使广告无意中强化了一种观念，而且，除非该品牌的包装得到大幅度修改或重新设计，否则人们对产品口味的看法不会改变。

品牌所有者面临的另一个诱惑是在产品之外探索自己的品牌。当年，联合利华集团旗下的利华·法贝格希望借助山猫除臭剂的成功，继续利用这一品牌，延伸产业链条。该公司确信，年轻男性被该品牌的个性所吸引，而不是被该品牌的除臭剂所吸引。[37] 它决定将山猫扩展成一家连锁理发店。它为这些理发店提供了所有吸引年轻男性的东西，比如，游戏机和 MTV，为他们储备了山猫产品，并把它们设计成"男性化"的样子。[38] 然而，仅仅 14 个月后，这个项目就被取消了，理发店也关门了；他们未能达到销售目标。利华·法贝格犯了一个错误，只看了问题的一个方面，并相信了人们所说的片面之词。

同样地，将注意力吸引到产品的某个方面，而这个方面似乎在逻辑上是相关的，这很可能会人为地将注意力集中在顾客不会考虑的事情上，至少在面试官提问时，他们不会这么做。20 世纪 70 年代末，当纽约的一家酒业进口商考虑从美国进口一种瑞典伏特加时，他决定花 8 万多美元进行市场调查，以发掘这种产品的潜力。结果是咄咄逼人的负面影响：人们对瑞典伏特加不感兴趣；有些人甚至不知道瑞典在哪里。然而，卡瑞朗进口公司的总裁不喜欢浪费 8 万美元的想法，所以决定看看这家公司到底能不能卖出 8 万美元的伏特加[39]。30 年后，美国每年进口超过 7000 万升的绝对伏特加。

7. 人为地强化现有观点

几年前，我有机会看到一家调查机构，专门从事包装设计调查，为饮料公司主持一些小组座谈。一开始，管理这个小组的那个人花了大量的时间来促成关于受访者目前如何使用相关品牌的讨论。实际上，该组织进行了一次小型头脑风暴，最终从广告和包装中挖掘出了大量的品牌偏好。其中包括饮料瓶的形状和他们购买饮料的场合。

该品牌最大的问题就是人们只在每年圣诞节买一次。不幸的是，这个过程迫使人们意识到，他们只是一年中的特定时间购买这种特定的饮料，结果是受访者有意识地意识到他们当时潜意识地做了什么，以及这样做的理由是什么。因此，当一系列创新的包装设计被引入考虑时，受访者对他们现有的行为非常敏感（和不自然），很快就会忽略一些新的东西；如果这样做的话，就意味着他们目前购买产品的方式在某种程度上是"错误的"，而他们只是在和自己以及彼此排练为什么是"正确的"。尽管这种调查方法存在诸多缺陷，但最根本的问题是，在面试开始时提出的问题无意中为随后的回答定下了基调。

大多数定性调查者在调查工作开始时进行"热身"练习（无论是个人访谈还是小组讨论），以建立融洽的关系，并鼓励受访者开诚布公地交谈。不幸的是，这种明显不相关的练习会促使人们把特别的想法或经历记在脑子里，然后对随后的问题做出不同的反应。

想象一下，你正在参与调查，有人问你："你最新的一双鞋是在哪里买的？"和"你为什么从原来的地方买鞋？"你刚刚公开宣布了一些毫无疑问是合理的理由，比如一家鞋店。我相信你会轻松地谈论你买鞋的经历（假设是最近的一次），而且，既然已经开始在我面前讲话了，你就会倾向于继续轻松交谈，即便我开始问一些更有挑战性的问题也无妨。撇开先前强调的问题不谈，即你的答案可能是错误意识的事后合理化，这可能是一种部分潜意识的经历，我只是让你对一个几乎可以肯定不是在最初发生时有意识地以这种方式构建的过程敏感起来。如果我现在介绍买鞋子的一个全新概念，你会接受吗？毕竟，我俩都听说过你使用你选择的商店的非常明智的理由（而且，也许这也是第一次）。

8. 误解了人们声称的态度的价值

现在比较常见的是，调查顾客对品牌、产品或服务的态度。设计一系列与品牌相关的可能想法，要求调查对象说出他们能在多大程度上认同这些陈述所包含的情绪。通常使用态度尺度（attitudinal scale），以便人们可以表明他们同意或不同意的程度。人们普遍认为，如果你能识别出某人对某事的态度，那么，你就能获得指示他们行为的信息。毫无疑问，这种观点很有吸引力，因为大多数人都愿意相信自己能发挥作用。如果有人最喜欢 X 品牌，在所有条件都相同的情况下，他们会选择 X 品牌，这似乎合乎逻辑。当然，事情很少是平等的，如果潜意识没有过滤喜爱程度，结果就没有理由去反映那个维度。

早在 1934 年，理查德·拉皮尔（Richard LaPiere）就发现，人们对种族偏见的态度并不能反映他们的行为。[40] 他和一对中国夫妇参观了 200 多家酒店和餐馆，发现只有一家拒绝为他们服务。6 个月后，当他写信询问当权派的政策时，超过 90% 的人声称他们不会为中国人服务。随后的研究发现，事实上，态度和行为之间并没有广泛的联系。例如，当你听到世界上很多人都有"绿色"态度，却很少或根本没有环保行为的证据时，你可能不会感到惊讶。[41] 同样的，我们可能想要相信自己喜欢某种东西（比如健康食品），但对我们过去购买的东西（或腰围）的分析可能会发现，不那么健康的选择出现的频率要高得多。

我进行过一项调查，这也是作为我本科论文的一部分。在调查中，我调查了 11~16 岁的小学生对统计学的态度。当时，很多不同的学科都使用了统计学方法，我的统计学学位课程的负责人肯定对这门课很感兴趣，想知道这门课是否注定会培养出一代对自己学科充满热情的学生。我设计了一份问卷作为本次调查的一部分，其中包括一系列态度问题。解决这类问题的正确技巧包括和谐的配对语句，如此，如果一个小学生消极地表达一个问题，那么，另一个小学生就会积极地表达该问题。我发现孩子们倾向于同意他们回答的任何陈述，这实际上是自相矛盾的。我当时假设，他们太容易受影响，不能可靠地使用态度问题。从那以后，我开始意识到，有几个因素，尤其是环境因素，可能促成了这一点（这场调查是在一所学校进行的），无论如何，这些陈述本身不太可能是任何事情的可靠指标！

9．引起错误思维的问题

20 世纪 50 年代，埃里克·伯尔尼（Eric Berne）提出了一个关于人们如何互动的概念，他观察到人们互动的方式因"交互"发生的性质而异。而这只是他开发的"交互分析疗法"（transactional analysis）的精神分析理论之一，其中最著名的观点是：人格由 3 种自我状态组成，分别是父母式自我状态（P）、成人式自我状态（A）和儿童式自我状态（C）（有时被称为一阶结构图），更有用的功能和结构变体少了很多，尽管它对研究的准确性有着深远的影响。

伯尔尼意识到，每个人都可以表现出不同的想法、感受和行为，以作为对当时人际交流本质的回应。[42] 换句话说，和某人说话的方式会导致他们的思维和行为方式不同。

我发现，学会观察别人，就会更容易理解自我状态——或者，我喜欢称之为"心境"或"心智构架"。我经历过的最好的例子之一就是在皇家阿尔伯特音乐厅举行的一场老年人网球比赛。在观看了一场非常有趣且竞争激烈的比赛之后（我坐在前排，几乎就在一位司线员的旁边），我一时冲动，想看看能不能让史上最著名的网球运动员约翰·麦肯罗（John McEnroe）给我的节目单签名，这是我要送给我年幼的打网球的儿子的礼物。场地的布局提供了在球员离开礼堂时拦截他们的好机会：他们要穿过圆形座椅，还要走过环绕周边的公共走廊。我属于自由型儿童（Free Child）自我状态，所以很兴奋，很快乐；我真的很喜欢这场比赛，想要一份象征意义的礼物，让我的儿子在第二天早上与我分享，他才 4 岁，还太小，不能来观看。当麦肯罗经过时，只有三个人等着去截住他：我，另一个和我年龄相仿的男人，还有一个大概八九岁的小男孩。从外表来看，我确信他们和我一样兴奋——我们的思想、感觉和行为非常一致，我们处于同样的自我状态。

不过有一个问题。麦肯罗在比赛中输给了保罗•哈胡斯（Paul Haarhuis），他非常生气。当他从我们身边走过时，另外两个人拿出了他们的节目单。我看到可能会招惹麻烦，就退后一步，把自己的节目单和笔藏在了背后。麦肯罗进入了控制型父母（Controlling Parent）的自我状态[43]，从那个男人的身边挤了过去，愤怒地小声抱怨，貌似"内心"在责备自己输掉了比赛。然而，当他看到那个小男孩的时候，他很快就转变成一个哺育型父母（Nurturing Parent）的自我状态。他似乎很高兴向那个男人发泄输掉比赛的愤怒，但在潜意识里他不想对那个小男孩发脾气。他从小声抱怨变成了喃喃自语。我看得出来，麦肯罗仍在生气，但同时，他试图满足小男孩要亲笔签名的要求。可能这是一个哺育型父母的心态在为他的潜意识注意力而战，因为他前面的人是个小孩子。

从整个场景来看，男孩和男人都还处于兴奋状态（儿童型自我状态）——激动人心的比赛、人群，还有网球明星的出现——他俩都进入了顺从型儿童（Adapted Child）的自我状态。他俩一路跟着麦肯罗，希望得到他的亲笔签名。但这时的麦肯罗仍在对他的对手和他自己生气，他的喃喃自语，实际上却是一种非常微妙的交流，但这只会混淆两个索要签名的球迷。结果，两个人都跟着麦肯罗，小孩得到了签名，而那个成年人遭受了麦肯罗愤怒的吼叫。

当你投入到下面的练习中，就会明白我的意思了。想象一下，你正坐在办公桌前工作，有人走进房间，不小心打翻了你旁边的饮料，破坏了你的工作。你感觉如何？你会作何反应？你会怎么想？

如果你在脑海中生动地创造了这个场景，就可能唤起一种真正的失落感、

112

愤怒感或挫败感。有些人说，他们有一种"胃里不舒服"的感觉。但唯一真正的答案是："视情况而定。"有太多的变数，不知道你会有什么样的心境，为了得到你的"感觉"反应，你会做很多假设或者忽略这些变量。你当时的心境决定了你的反应。

场景一：5分钟后，你要和老板开会，你希望能升职，而正是你的老板在工作中把饮料打翻了。

场景二：你刚刚解出了量子色动力学方程（别问我，我不懂量子色动力学，这是我在维基百科上看到的），而你邻居的孩子，你不喜欢他，你甚至不知道他在屋子里，他追着一个弹力球进了房间，把饮料打翻了。

我猜你对这两种情况的反应会有天壤之别。事实是，面对一件事，人们的反应非常不同，这取决于当时的情况，他们与在场的其他人的关系（从属还是支配），以及他们当时的主导情绪。

稍后，我会解释我所推荐的用于评估你对任何顾客洞察的真正信心的AFECT 标准，你会明白，当你获得这种洞察力时，正确的心境已经参与其中，这和询问一个经历过你感兴趣的任何事情的人一样重要。大多数调查不仅忽视了心境的变化以及它对人们在特定情况下的基本思维、感觉或行为的影响，还通常创建一个"交互"来刺激一种符合其目的的心境，而完全无视顾客时刻（或相关时刻）的心境。市场调查想要一个答案，在努力得到答案的过程中，它创造了一种新的、不具代表性的思维方式，让受访者从中做出回应。

顾客调查引发的一种常见的心境[44]就是一种平衡型成人（Balanced Adult）的自我状态。

调查者："我能问你几个问题吗？"

受访者："可以。"

调查者："这些牌子的冰淇淋，你经常买哪个品牌？"

这是经过深思熟虑的，也是非常理性的。它似乎是完全适度的、公平的，甚至是客观的。它不仅反映了解构营销问题的人的心态，设计出公司想要回答的问题，也反映了会听到答案并考虑公司最后应该做什么的人的心态。但是，如果你有时因为伤心而买冰淇淋吃，因为你的儿童型自我状态需要振奋起来，你该怎么办呢？埃里克•伯尔尼观察了三种截然不同的思维、感情和行为。当受访者被问到关于冰淇淋的问题时，会想到哪个"包装"呢？调查过程已经尽了最大的努力，以确保他们的思维和感觉不处于儿童型状态，人为的事后合理化的过程已经得到了进一步鼓励。提问处于不同的心境的一个人，效果就像提问不同的人。

小组座谈在鼓励受访者自我状态方面往往有更多的差异。有时候，他们会邀请一组人去某个地方，然后付钱让他们思考和谈论某件事。

托马斯•哈里斯（Thomas Harris）描述了一种非常有效的技巧，称为畏缩型父母（Parent Shrinking）的自我状态，可以将在特定问题上好斗且缺乏弹性的人，转变成拥有一种更适度心境的人；换句话说，让他们从父母式自我状态变为成人式自我状态。[45] 从本质上说，它唯一涉及的就是保持冷静和心态平衡，并提出参考性问题。例如：

第一个人（生气）："我真不敢相信你今天竟然把外套丢在了家里！"

第二个人（平静）："你为什么关心我和我的外套？"

第一个人（继续生气）："你会冻死的，你这个白痴。"

第二个人（继续平静）："你担心我会生病吗？"

第一个人（平静下来）："嗯，是的，我不想让你生病，如果你生病了，会破坏我们下周的假期。"

第二个人："实际上，我感觉还好，但也许我们不该在外面待太久。"

第一个人："好吧，我们快走吧，这样你就可以暖和暖和了。"

这听起来有点做作。在实践中，其实很难"破坏"另一个人发起的"交互"，[46] 因为，在你有意识地改变自己的位置之前，你就已经潜意识地准备好了，要么是准备好反击（父母式反应是这样的："你不是我妈妈，我完全有能力决定穿什么"），要么是恭敬地回应（儿童式反应是这样的：发出闷闷不乐的啧啧声，然后加上一句牵强的"对不起"）。在一次顾客调查深度访谈或小组座谈中，受访者对某个品牌或体验感到愤怒，如果这时的你考虑进行交流，就会欣赏这种交互的典型性质。调查的主持人和面试官被训练得相当冷静。毕竟，他们感兴趣的是了解对方的想法，而不是把它当作人身攻击。他们如何反应呢？他们提出适度的问题，表面上是为了理解为什么受访者如此愤怒。这样做的心理后果是，受访者的愤怒情绪会消散，他们很可能会开始提出一种比其他方式更和谐、更合理的立场，他们会"自然地"接触到相关品牌的现实体验。调查者将在这一转变的哪个阶段报告呢？

德伦·布朗（Derren Brown）在他的《心灵的诡计》（*Tricks of the Mind*）一书中叙述了这种技巧的一种更为极端的形式。有一天晚上，布朗被一名醉汉冒犯，他描述了自己使用混乱破坏了潜在的攻击。他以一种平静而和谐的（成人式自我状态）语气对那个人说了些什么，这与侵略者的思路完全无关。精神方向的改变足以让人的思路偏离寻求斗争的方向，并转移力量平衡的方向。布朗毫发无伤地活了下来，只是他要忍受一个醉醺醺的家伙对自己讲述他夜不归宿的痛苦。

我曾见过顾客调查小组的主持人使用同样的技巧，当时，他们"继续"从他们的列表中挑出一个无关的问题，以阻止受访者的情绪爆发。在控制受访者的心理状态时，他们可能会远离他们真正的心理参照系（mental frame of reference）。最终，会出现一个合理的回答——虽然听起来最令人愉快，而且可能对受访者有吸引力——但不一定准确。

在千禧穹顶的案例中，一个本质上合理的面试过程，包括了很多问题，评估大多数人将如何度过"好玩"的一天。当你提出理性的建议时——"你打算参加这个国家正在举行的庆祝活动来纪念这一历史性时刻吗？"如此多的人认为他们可能会同意，这并不奇怪。然而，如果组织者们更看重的是，在任何一年里，有多少人会为了参加主题活动（比如主题公园或历史建筑）而千里迢迢赶来。那么，他们可能已经意识到，他们需要创造非常令人激动的产品，才能让多于 6 倍的人改变自己的行为，接受千禧穹顶作为一种新的选择。[47]

当一项调查引起人们的注意，使他们真正投入到其中的时候，如果他愿意的话，很有必要考虑一下他可能会有什么样的心境。如果这项调查引起的心境不同，那么，人们的反应可能也会不同。

10. 另一个"我们如何思考"的问题

人们思考某事的方式是他们之前经历的副产品，与思考这件事的难易程度有关。不幸的是，他们通常很难知道，哪些经历会让人联想到一个问题，以及他们找到这个问题的难度。然而，根据他们所做的联想，他们的反应可能会有很大的不同。

有一项研究强调了这一点，该研究要求人们在行为增加或减少患心脏病的可能性的背景下评估自己患心脏病的风险。当研究人员要求没有心脏病史的家庭成员想出 8 种增加患病风险的行为时，他们遇到的困难使得他们对自身脆弱性的评价低于要求他们只想出 3 种增加患病风险的行为；也低于要求他们想出 3 种或 8 种降低患病风险的行为。[48]当有心脏病家族史的人被问及时，他们可能会更深入地思考这个问题，结果是完全不同的。当他们想到 8 种增加风险的行为或 3 种减少风险的行为时，他们认为自己的患病风险更高。

其他研究发现，改变一个陈述的表达方式，比如，阅读页面的难易程度，会影响人们信不信你的程度。当人们纠结于一个问题，或者懒得去想它的时候，他们的回答会与问题或答案更容易得到的时候不同。

在为千禧穹顶进行的研究中，如果潜在游客同意"我会在近期做出决定（要不要去参观千禧穹顶）"等说法，他们就会被归类为"易劝的游客"。决定去格林尼治的集体旅行或参观某个神秘景点，所有潜在的心理复杂性都可以通过同意"考虑一下"而巧妙地推迟。

11. 提问时保持友好的危险

通常情况下，调查者"促进"讨论的训练会暗中鼓励某种特定类型的反应。如果你看过一次小组座谈，你可能已经注意到，主持人经常会身体前倾地坐着，并使用非常"开放"的肢体语言，微微抬头看一下坐在马蹄椅上的人们。主持人的声音会非常响亮和精力充沛。这是一种可以理解的行为包（packages of behaviors），供主持人采纳，目的是开始讨论一个特定的主题，摆着敞开心扉的姿态，用有活力的语气说："我善于接受；这很好；请跟我说话。"

不幸的是，人们观察到这种行为包只是为了鼓励特定的反应。临床心理学家卡勒（Kahler）的研究发现，一系列行为包可以作为评估人格的工具。[49]其中之一包括以下特征：

• "活力"高……语调低。使用这样的表达："好吗？""好吧！""嗯？"

• 在句末出现高音调。

• 经常点头，伸出双手，掌心向上。

• 身体前倾，向对方（或其他人）点头。

• 扬起眉毛，露出牙齿，笑容夸张。

根据我的经验，这个列表可以很容易地成为小组座谈版主的培训手册，它被归类为"取悦你"的行为驱动。顾名思义，采用这种行为模式的"回报"更有可能让收件人喜欢上你。从让一群陌生人开始交谈的角度来看，这是可以理解的，但如果他们的意图是让他们完全真实，那就非常可疑了。调查的问题是，使用这个驱动方式会引起类似的反应：受访者喜欢调查者，并且倾向于说他们认为会取悦他们的事。

从根本上说，主持人说："看我多好，不具威胁性，而且平易近人。"通常引发的反应是："我也很好。"这并不是发现顾客基本真相的良方。我只能推测，在小组座谈的评估过程中，有多少新产品概念是成功的，因为和该主持人在一起，大家都有点太自在了。

12. 心理投射的应用

调查中另一种心境扭曲（frame-of-mind distortion）来自于所谓的投射技术（projective techniques）。在外行人眼中，这一术语涵盖了一系列最初由心理学家开发的提问技巧，旨在鼓励受访者超越他们描述某事物（比如某个品牌）的明显而有限的方式，并间接地谈论它。因为受访者面对的是一个模棱两可的刺激物，所以，他们的反应选择被认为揭示了他们对刺激的一些潜在想法。

虽然不同的心理学家对投射技术的有效性有着不同的看法，但在顾客调查中使用投射技术的主要问题是它们在受访者中所引发的心境。请看下面的问题：

"我想让你假装这个品牌是一个人。这个人会是什么样的？他会穿什么？他会开什么样的车？他会住在哪里？"（我不会继续问下去，但你明白我的意思。）

人们通常会有两种反应：他们要么呆若木鸡，根本不"理解"这个概念，

118

要么遵守比赛规则，开始提供答案。然而，他们在交互分析方面所做的是进入儿童式自我状态；他们克服了他们觉得自己很傻的事实，开始接受别人对他们的要求。这就提出了一个问题，即他们与该品牌的日常互动是否来自儿童式自我状态。如果是的话，他们与品牌和投射练习相关联的想法、感觉和行为，可能是那些与消费时刻相关联的准确反映。如果不是的话，不管他们的意图有多好，他们给出的答案可能并不表明自己的真实想法和感受。我认为，这种技术在提供调查数据方面的便利并非第一次——数量可观，也貌似有趣——但几乎没有提供可靠的准确性。

创造性的提问方式可以提供更有趣的回答，但未必更可靠。如果你所使用的任何一种调查技术已经诱导了一种在实际顾客体验中不存在的心境，那么，就不太可能得到人们所想的准确描述。

13. 你的顾客不可信

对于那些试图了解自己做得好的地方或者下一步应该做什么来让当前客户评估他们的产品或服务的组织来说，这似乎是明智的。当结果出来的时候，谁会因为他们认为这样的评级能代表他们的看法或需要而责怪他们呢？然而，一旦考虑到他们所讨论的调查过程的一切潜在歪曲，就会出现另一个问题：花钱买过某东西的人往往比没买过它的人更看重它。

这也是我能够准确预测我给朋友们的关于买什么新车的建议会被忽视的原因之一。他们打电话来问我的意见，因为他们正在考虑把他们的大轿车换成更实用的车，我对他们《周日报》的驾驶部分很感兴趣，认为这是他们专业水平的体现。我听取了他们的需求，做了一些调查，并告诉他们哪种模型在我看来是最好的。不幸的是，他们的另一对夫妻朋友最近买了一辆和我倡导的不一样的车。我对这事很感兴趣，我怀疑，相对于他们的朋友购买之后的激发作用，我的平衡评估显得不堪一击，事实证明我的怀疑是对的。

这种现象被称为"禀赋效应"（endowment effect），最早是由理查德·塞勒（Richard Thaler）于 1980 年发现的。正如前一章中的咖啡杯拍卖实验所揭示的那样，人们只需花几分钟的时间就能让某产品的价值得到明显的提升。另一项在 20 世纪 90 年代末进行的研究强调了这种影响的威力。在杜克大学获得一场受欢迎的篮球比赛的门票是一个很大的挑战：人们必须克服排队的现象，在抽奖中获胜才能获得门票。调查者询问成功买票的人，他们准备以什么价格出售门票，并将其与没买到门票的人愿意支付的票价进行比较。差别是巨大的：那些中奖的人对它的平均估价是 2411 美元；那些没有中奖的人对它的估价仅为 166 美元。[50] 当涉及确定一件东西能卖多少钱的时候，唯一可靠的测试就是试着以特定的价格出售它，看看会发生什么。

在千禧穹顶的报告中，英国国家审计署迅速报告了这一好消息：执行摘要中的第二点是"87% 的游客对他们的参观感到满意"。[51] 撇开"满意"这个词有点抽象的性质不谈，我们应该如何解释这个统计数据呢？这是否意味着，千禧穹顶的体验确实很好，营销机构应该为游客数量的减少负责吗？这是否意味着，评论家们认为它不是很好是错误的？还是仅仅反映了这样一个事实：一旦人们花钱购买和体验了某样东西，他们对它的评价可能会比其他人高得多呢？

调查的误区在哪里

我所描述的 13 个问题中的任何一个问题都可能导致误导性的调查结果，但是，当它们相互作用时，影响可能会更大。通常情况下，询问顾客的想法，要么是一次性的练习，要么以一致的方式重复的过程，不会产生比较的结果，仅仅是一个没有被人注意到的常见错误。然而，民意调查偶尔会以真正独立的方式进行，让我们看到综合这些问题所产生的潜在结果范围。

2009 年 9 月 10 日，英国《每日电讯》发表了一篇题为《BBC 主席说，把电视牌照费削减 5.50 英镑》（*Cut the TV Licence Fee by £5.50, Says the BBC Chairman*）的文章。[52] 这个问题的背景是，142.5 英镑电视牌照费中有一小部分资金原来用于帮助老年人和残疾人，后来转为发展数字电视；一旦这一转变完成，政府就会计划用这笔钱资助商业频道的本地新闻。这篇文章解释说，一项针对 BBC 信托的民意调查发现："伊普索莫利调查机构（Ipsos MORI）采访的 2000 多人中，只有 6% 的人支持利用盈余帮助其他广播公司的想法。"

这似乎是政府重新考虑其意图的一个令人信服的理由，直到你更仔细地观察他们提出的问题，才会发现在采访过程中出现了三个明显的错误：[53]

• 受访者被灌输了他们通常不会意识到的信息，比如电视牌照费的水平，以及有一部分用于补贴数字切换的事实。

• 调查问卷不允许人们明确表示对这个问题不确定，从而强化确定性。

• 6 种可供考虑的资金用途中，只有 1 种用途是具体的（电视牌照费削减 5.50 英镑），剩下的 5 个用途是抽象的（"有助于增加""资助"和"支出更多"）。谁能说这些会对人们的生活造成什么影响呢？

值得注意的是，在问卷调查中，只有 6% 的受访者选择了政府提出的方案——资助其他新闻节目。不到一半的受访者说，他们希望看到电视牌照费降低，51% 的人的首选是 5 个抽象用途之一。

一周后，《每日电讯》在《大多数受访者希望 BBC 分享电视牌照费》（*Most voters want BBC to share the licence fee*）标题下发表了另一篇关于这个话题的文章。[54] 这一次，它报道了英国政府内部的 2000 人的意见调查，由民调机构 TNS-BMRB 主持调查，话题是人们认为电视牌照费将会发生什么变化。这一次，这家调查公司至少核实了它是否向受访者灌输了新的信息。很明显，71% 的人不知道他们的投资正在转向服务于老年人和残疾人的数字电视。然而，公司在采访过程中人为地告知受访者，这是一件令人欣喜的事，却没有阻止它继续提问并公布结果。[55]

根据报纸上的文章，"2/3 的受访者……表示，一定比例的电视牌照费应该被用于支持 ITV 等其他频道的地区新闻。"结果差异如此之大的一个原因是，受访者没有从电视牌照费中扣除这笔钱的权利。

当最初被问及这个问题时，48% 的人认为，这笔钱应该用来支持 BBC 以外的频道。之后，在一系列关于他们"收看或收听"国家和地区新闻的频率的问题之后，有多个消息来源提供新闻的重要性，并有一项声明解释说，主要商业频道 ITV 声称，它可能"再也不能提供地区或地方新闻了"。此外，尽管这家调查公司确实询问了受访者是否知道英国独立电视台关于撤回本地新闻报道的声明，并且了解到 3/4 的人不知道，因此民意调查是人为引导的，它并没有阻止政府公布调查结果，并可能利用这些结果为自己的决策提供信息。该调查公司的作者在报告的引言中称，调查问卷是通过"感知导频"（cognitive pilot）进行测试的，因此"这些问题将对公众意见进行准确和公正的衡量"。[56]

那么，哪一项民意调查是衡量民意的正确尺度呢？其实两者都不。相反的是，两者都完美地展示了在调查中邀请反馈的过程如何产生提问过程的副产品。即使对这类调查的标准化方法能够达成一致，也仍然存在着固有的缺陷。调查过程创造了一个通常不存在的焦点，并围绕着它形成了一个框架，这个框架会影响结果。

忽略不相干的顾客

通过问题来征求顾客意见的愿望显然是迫不得已。大量的例子表明，投票结果相互矛盾，选择预测不准确，反馈似乎与相应的销售数据无关。然而，在政治辩论和公司决策过程中，顾客数据作为支持或证据的表现是永恒的。这个问题是人类大脑倾向于确认偏误的结果。我甚至认为，几乎每一个经常使用顾客调查数据的人，有时都会选择忽略它，或者认为它是错误的而不予理会。就像任何信仰或迷信一样，当人们暂时成为"调查中的不可知论者"，并继续按照给予他们安慰的信仰行事时，他们会有选择地忽略这些情况。

我们的大脑非常善于发现因果关系的模式，但这意味着我们经常错误地将偶然事件归因于某种潜在的原因。[57]当数据支持一个结果良好的决定时，这就是证据——证明问顾客问题在本质上是值得的；当调查结果不合格时，这些结论很快就会被人遗忘。我们需要承认，大多数时候，我们对人们的期望过高，期望他们能够通过问答的方式来解释自己的行为和观点，这种方式会影响他们的思维，从而阻止他们成为我们想要了解的顾客。

这些人格的动态方面在很大程度上被顾客调查所忽视。相反，它更倾向于认同一个始终不变的或"一般"的人格理论：无论在哪里，不管发生了什么，人们或多或少会做他们所做的。事实上，人们做什么和怎么做，这不是既定的事。它们的运作基于因果偶发事件，既依赖于当时的普遍事件，也依赖于如何潜意识地处理和有意识地解释事件。[58]

你可能会问，一个人可以合理地问什么，应该怎样问。撇开委托调查的影响不谈，自20世纪30年代以来，民意调查公司一直在与这个问题作斗争。从找到一种有效的民意调查方法的角度来看，问一个答案是否存在，这完全合乎情理。持续痴迷于征求意见，这只是我们自己意识错觉的副产品吗？我们愿意相信，我们知道自己的想法，因此，别人也知道他们自己的想法，这似乎也合乎情理。

那么，有什么问题值得问吗？如果有的话，我们应该在什么时候以及如何询问他们呢？

第六章

——

顾客的答案：

为什么顾客总是"心口不一"

正如我在前几章中解释的那样，人们可以在事后合理化他们的行为，或者在他们相信自己想什么的基础上去回答一个问题，这个事实并不意味着，从他们随后的行为方式角度考虑，他们这样做是准确无误的。除此之外，将一个人带出他们对消费做出判断的环境，也会带来更大的风险，也就是说，无论他们的意图多么好心，只要这些影响存在，他们的回答就不会反映他们思考和行动的方式。正如我在上一章所讨论的那样，当质疑的过程改变了人们的想法和言论时，这些问题就会变得更加复杂。

大多数研究都专注于让人们回答：说些可以进行分析的内容。是否始终如一地听到了同样的回答，这是衡量有效性的晴雨表。这可能会很好地表明，人们的反应是一样的，但也仅此而已，因为调查过程或多或少是一样的，而不是因为重复的回答反映了一些潜在的事实。

提问的时间和地点

提问题的最佳时间是当受访者的行为被人观察到的时候。这样的话，这里所陈述的一切，至少可以与所看到的进行比较和对比，并在一定程度上得到相应的验证。提问题的最佳地点是受访者尽可能接近影响他们行为的环境和背景因素的地方；与在其他任何地方进行的调查不同的是，会产生无意影响的唯一额外来源就是提的问题和提问的人。

在顾客的选择或体验发生后，尽快提问也是有利的。鉴于我们能够有意识地为我们发现自己正在做的事情找到一个没有冲突且积极美化的视角，那么，我们越需要为自己的行为建立一个明显合理的理由，就越可能如愿以偿。

当你考虑人们的情绪反应时，强烈要求只注意他们的瞬时反应，比如，一些人对一个品牌或一个广告的感觉。人们意识思维参与思考的时间越长，他们就越有可能调整这种反应，以适应通常不涉及的社会因素影响的反应，比如，还有谁在场？他们希望别人如何看待他们？想一想同一个人的两种截然不同的情绪时刻：一是某人打了一个大嗝，并对自己发出的声音非常满意；一是某人想起自己应该对社会普遍认为不可接受的事情感到尴尬。

许多研究表明，我们潜意识的反应发生在我们对某事得出有意识的结论之前。除了第一章中提到的扑克牌实验，本杰明·利贝特（Benjamin Libet）和他的同事还观察了被要求随意敲击手指的人的大脑和肌肉活动，他们发现移动手指的意识体验发生在启动手指的大脑活动之后的 1 秒。[1] 最近，柏林的调查者发现，在选择两个按钮中的一个时，大脑活动比有意识的意识早 7 秒。[2]

格林沃尔德（Greenwald）、巴纳吉（Banaji）和诺斯克（Nosek）等人开发的内隐联想测验（Implicit Association Test），进一步证明了反应速度和潜意识之间的重要联系。它的设计目的是揭示影响我们信念和行为的潜在的潜意识联想，途径是要求参与者尽可能快地对词汇进行分类，然后比较反应时间；反应越快，潜意识联想就越强。[3]

当然，在征求顾客意见的传统方法中，有效性与调查的深度有关，而调查的成本与采访或讨论的时间长短密切相关。但讽刺的是，由于内省法（introspection）和事后合理化的危险，隐式判断价值和质量的机制暗示了调查准确性的障碍。

简而言之，问题和回答之间的停顿时间越长，意识思维介入并对接下来发生的事情施加双重影响的可能性就越大。

意识和潜意识的同化

很多调查取样和招聘筛选关心的是不是问对了人，但是，你如何确保你问的那个人的心态是否端正，如果你没能在兴趣去后的瞬间抓住他们，你又如何做到这一点呢？

幸运的是，虽然不可能强迫一个人违背自己的意愿去改变思维方式，但是，鼓励他们这样做却出奇地容易。如果你想一想你过去的情感经历——某个非常不快乐的人也许会帮助你更好地表达自己的观点——你可能会带着某种悲伤的心情去回忆过去。当你回忆往事的时候，你知道这是一件悲伤的事情，但是随着时间的流逝，你已经麻木了。你的潜意识已经完成了同化这种感觉的任务，让你回到现在，和以前一样幸福。[4] 然而，如果你开始回想起自己当时做了什么，换句话说，就是你曾经的行为经历，那么，你所经历的感觉就会开始回归。也许不像最初那样强大，但你基本的心境会切入到你当时的状态，你所经历的情绪也会回来。

即使你不能让自己进入这种精神状态，也可以轻易地在采访有过创伤经历的人时观察到这个过程。最近我看了两部纪录片，讲述者是 2005 年 7 月伦敦恐怖袭击事件中直接或间接卷入其中的人。当他们向记者重温那一天的经历时，他们的情绪状态转移到了他们当时的状态。抓不住丈夫的妻子又哭了起来；苏珊娜·佩尔（Susanna Pell）是一个不寻常的女人，那天，她镇定而勇敢地走进那辆被炸毁的马车里去救人，表现出身上的决心和冷静。在这两种情况下，有关的人都没有欲望，没有得到任何好处，也不能有意识地试图回到那种心态，这是在潜意识中发生的。

这些极端的案例表明，人们可以通过提问的方式将自己的潜意识思维颠倒过来，让他们反思自己的行为，而不是事后合理化。根据我的经验，这种方法不仅适用于涉及重大情感的各种经历，而且人们也会改变自己的心境，去重温更平凡的经历，尤其是当这些经历相对较近的时候。

在《对发生之事的感觉》（*The Feeling of What Happens*）一书中，世界顶尖的神经生理学专家安东尼奥·达马西奥（Antonio Damasio）揭示了为什么情绪对我们处理信息的方式如此重要：

因此，在一种典型的情绪中，大脑的某些区域，也就是与情绪相关的预设神经系统的一部分，会向大脑的其他区域以及身体的大部分部位发出指令。一条路线是血液输送，这条路线上的指令以化学分子的形式发送，化学分子作用于构成人体组织的细胞中的受体。另一条路线是由神经元通路组成，这条路线上的指令以电化学信号的形式作用于其他神经元或肌肉纤维或器官（如肾上腺），而这些器官又能将自身的化学物质释放到血液中。[5]

如果这个过程揭示了顾客的兴趣，那么，通过了解埃里克·伯尔尼的交互状态如何相互作用，就有可能与受访者交谈，以鼓励他们保持相关的心境，并进一步了解他们的想法和感受。当这种方法与实际行为的观察相结合时，就会提供事实证据和精神分析的结合，从而产生特别有用的信息。

注意顾客的用词

为什么说，在顾客可以说出自己的想法和感受的原则下进行顾客调查是鲁莽和错误的？对此，我已经探索了无数的原因。我发现，基于他们不能说出自己的想法，那么对顾客的想法、感受和行为进行调查总是好的。无论何时，质疑顾客是有帮助或必要的，重要的是，要以极大的怀疑态度对待他们的言论。

评估回答的准确性的方法之一，就是密切关注对方使用的语言。精神分析学家对那些说他们会"尝试"做某事的人持谨慎态度；就承诺而言，这并不是一个强大的意向声明。同样，当受访者谈论他们对品牌、产品、服务或营销沟通的态度时，他们的话可能表明他们是在社会上为别人着想，而不是完全诚实。当人们把"我"和"我们"这样的代词与一种观点联系在一起时，这就暗示了他们对接下来的事情有个人的亲和力。相比之下，当他们潜意识地说"这很好"而不是"我喜欢"来疏远自己的声明时，我们就有理由对此产生怀疑。[6]

寻找人们的行为和他们声称的态度或价值观之间的关联，这样也很有帮助。

我们都很容易做出声明（基于并非总是不健康的自欺欺人机制）：我们在努力追求积极的东西。而可能有重要的线索表明，我们并没有完全实现自己所追求的价值观。如果一个人打算撒谎，那么，需要相当数量的练习和技巧来建立一个底线，并检测细微的面部反应、言语停顿和压力信号，这些都可能表明他在企图撒谎。然而，当人们对自己撒谎时，通常更容易识别。事实上，最主要的挑战就是提升自己的社交能力。总的来说，这种社交能力会让我们接受别人对我们说的是真话的事实，尤其是当别人以一种令人信服的方式告诉我们的时候。它确实让人感觉你在怀疑那个人（很自然，因为你就是在怀疑），而这样的交流不一定会让对方喜欢你；尽管以我的经验来看，当人们在提出正确问题的过程中意识到自己也在误导自己时，他们通常并不怀有敌意。

例如，在一个测试广告的项目中，有人枪毙了一则广告，他声称，他想从相关公司得到一则更真实、更有信息量的广告。我用一个不相干的话题分散了他的注意力（这样他就看不出有什么联系），然后，很快地让他说出他最喜欢的广告是什么，这样我就确定，那则广告既不真实也没有信息量。很明显，他不喜欢我给他看的广告，但如果我建议我的客户，应该制作一个基于这种评论的电视购物广告，那么，我会给客户造成巨大的伤害。

有时候甚至没有必要去提问题。当有人说，因为他们正在节食，所以一连好几年都在购买某一款产品，此时，这种说法就足够合理了。但是，当这个人明显超重时，很明显，除非他们一开始的体重就足以成为全国性新闻话题，否则，他们不会以任何可见的速度减掉体重；他们购买这种产品可能是出于另一个原因。

另一种人们有意识的误读表现为与其他行为不一致。例如，在一次超市购物调查项目中，我采访了几位女性，尽管她们花时间写了购物清单，但常常会忘记带上清单去商场。她们把这种情况解释为微不足道的健忘，而不是表里不一的行为。但是，当我问她们有多少次忘记带钱或忘记穿衣服时，答案是永远不会。通过探究她们忘带购物清单的行为，我推断，这里一定隐藏着一个潜意识思维基础，那就是她们写清单却不带清单的思想根源。

人们喜欢守在意识面纱背后的另一种技巧，就是把谈话的焦点从他们身上转移到"别人"身上，特别是当你怀疑他们是为了你的利益而作秀的时候。基于人们对别人的看法反映了他们自己的观点，询问顾客，他们认为别人的动机是什么，这有一定借鉴意义。那些不愿透露自己对产品展示的困惑的客户通常会很高兴地指出，"别人"会感到困惑（其实就是他自己感到困惑）。不过，有一点需要提醒的是：当他们自愿这么做的时候，很有必要区分那些你要求受访者代表别人意见的结果。后者可能是一种社交礼貌，例如，当他们认为某事没有希望，但他们试图通过暗示（不在现场的）别人会认为这是很糟糕来尽量减轻打击。

提一些间接相关的问题也有助于区分真正的动机和社会认可的立场。很少有人会承认，他们选择某个品牌是出于精英主义或势利感，但如果你怀疑这是真的，那么询问他们是否会认为品牌用户比非用户更成功或更聪明，这会很有启发作用。重要的是，要密切关注对这些问题的整体回应。在我使用这种方法的一个案例中，这位女士回答说："我不会那样说的。"同时，她将自己的姿势调整为更加挺拔和自信的姿态，并稍微强调"那样"这个词。她不一定会说自己比不使用该品牌的人更好，但她的反应表明，她很乐意这么想。

在一个素食产品的项目中，一款包装设计被目标受众的一个子群体直接拒绝，而受到了另一个子群体的追捧。不过，这些涉入其中的人的类型有一些与众不同之处：他们的行为和着装风格表明，他们认为自己与众不同。调查者询问了他们生活方式的其他方面，发现他们的素食主义反映了他们反对主流文化的更大立场，因此，他们不喜欢该款包装设计，因为它使产品更具商业吸引力。在商业上具有吸引力正是我的客户想要的结果，此外，根据我获得的证据，公司至少可以做出一个明智的决定：如果换成一款具有更广泛吸引力的包装，它可能会失去多少现有客户。

对顾客的事后合理化采取怀疑态度，这是非常明智的。最近，我的一位客户描述了他所做的一项调查，该研究表明，人们不买东西就离开他公司的商店，是因为商店没有他们想要的特定产品。从表面上看，这个解释是从顾客离开商店时的采访中截取的，这个简单而又非常合理的解释很容易被人接受。然而，当涉及顾客调查时，我的客户持有一种健康的怀疑态度，并委托进行了进一步的研究，询问进入商店的人来买什么。据了解，大多数顾客的脑海中都没有一个特定的产品。你可能会告诉自己，你没有在这家商店买东西，是因为店里没有你想要的东西。你不愿意承认：商店的环境并没有让你想在那里多逗留一会儿；销售人员没有以正确的方式影响你；产品展示让你眼花缭乱，无法做出选择；或者你害怕买错了东西（所有这些更有可能成为你不舍得花钱的理由）。

诱导性提问

出于可以理解的原因，大多数接触过市场调查的人都认为诱导性问题是潜在的偏见来源，而不是准确洞察顾客心理的工具。然而，在适当的情况下，诱导性问题能够提供比平衡的问题更有力和更准确的见解。

当你收集到行为证据时，即使这是市场层面上的证据，而不是相关个人的证据，将这种知识汇集成问题，可能会给予受访者默许的效果，让他们说出一些他们不愿意说的话。例如，如果行为证据显示，大多数人在商店的某个地方走动时看起来很困惑，那么，对他们说"大多数顾客觉得商店的这个区域很混乱，你认为这是为什么呢？"会更有效，而不是让有意识的虚荣心作怪，把受访者描述成可以应对这种体验的罕见人物。无论如何，如果他们没有经历过这个问题，他们的答案就会反映出这一点。

同样地，与其使用完全冷静和平衡的提问方式，不如采用一种反映行为的立场。我常常发现，当你采访人们关于金融服务产品的问题时，对产品细节的困惑，其作用大于让受访者感到自己愚蠢，因为他们不明白在生活中只遇到一两次的产品的技术性细节。

确认和澄清

问题最有帮助的用途之一，就是确认和澄清在行为层面上观察到的现象。这通常涉及确认你认为顾客没有注意到的东西。例如，在相关环境中植入销售网点传播广告，比如，第二天交货，然后问："如果你想要的话，多久能交货？"如果有人说"明天"，询问商店里有没有提供这些信息。你会回想起无意视盲的心理现象，即人们完全有能力看不到他们正在观看的东西。我从自己的工作经验中得知，人们可以从 10 多个电视节目的列表中进行选择，他们观看列表 10 秒钟以上，但如果撤掉节目列表，除了已经选择的节目之外，他们就无法回忆起其他的节目了。我确认这一点的方法之一，就是让人们说出一个给定频道的名字，挑战成功可以获得 100 英镑。他们不仅不能挑战成功，而且有时会声称，他们选择了数千次的节目指南，却没有关于每个节目频道的信息，尽管那个频道一直都在那里。

相反，仅仅因为某样东西没有被人有意识地注意到，并不意味着它没有影响顾客。这个环境中使用的材料的表面质量、包装设计以及周边产品的性质等问题，都会影响顾客的潜意识感知。这就是为什么对观察到的顾客活动进行真正的行为测量是如此重要的原因，这也是一个精心构建的具有启迪作用的测试和控制方法。

当需要明确处理此类测试主题时，例如，使用特定的促销信息时，用我描述的方法来澄清意识是值得的。然而，质疑也有助于支持被测试的元素，人们期望这些元素主要在潜意识层面上接受处理。这里的挑战是确定相关因素，并在测试和控制条件下进行比较。例如，如果固定装置的某一方面能让人们在有更多空间时欣赏到更多可用产品，那么，人们对范围大小的评估可能与实际范围成反比。询问他们，在离开商店的那一区域之后，他们认为有多少商品可以买到，便可以确定一个展位在这方面的效果比另一个展位更好。

对于许多影响潜意识的因素来说，有可能会发现确认性问题：

- 确定某人购买了他们之前购买的相同产品，是风险厌恶可能驱使选择的线索。对于非常规性的购买行为，如果人们只对他们购买的产品有一个合理的理由，而不是对他们拒绝的竞争对手的数据有一个了解的对比衡量，那么，他们很有可能采取了安全措施。

- 询问他们在哪里还见过某产品，或者他们知道谁拥有该产品，可以帮助他们确定社会认同感在哪里起了作用。

- 了解人们对竞争产品的关注程度，可以显示他们在不知不觉中对购买产品的"心理流畅"程度。当我看到人们径直走向一种产品，不用指手画脚就直接买下该产品的时候，我可以相当肯定的是，顾客对他们的选择感到足够舒服，他们可以把这种身体行为留给他们的潜意识。当我问那些以这种方式购物的人有哪些竞争产品时，他们往往什么都说不出来。

- 识别某人如何将购买的商品与其他产品联系起来，可以表明心境和极端厌恶情绪在哪里产生了影响。

- 询问某人商店销售的其他（不相关的）产品，可以突出显示（通过这些产品的性质和被人接触的顺序）顾客如何更广泛地感知购买，并可能表明其他产品是否导致了对所选产品的潜意识感知。一个零售客户让我去打探对手的吸引力，而竞争对手的客户总是用热情洋溢的话来提及此事。在我发现的许多因素中，很明显，人们提到了竞争对手的高端品牌，尽管这两家店都有同样的品牌待售，但我的客户把那些不知名的品牌推到了前台，因为它们相对便宜。由于这个理念，我的客户店里所有的产品看起来都不那么有吸引力了。

矛盾与偏见

最强大的见解出现的地方就是提问揭示行为、态度和经验之间矛盾的地方。例如，我的一个朋友对苹果品牌的热爱十分狂热，几年前买了一台苹果音乐播放器，之后，他很快就买了一部苹果台式电脑、苹果笔记本电脑、苹果小夹子 MP3 和苹果手机。他很快就告诉我，不管我在考虑买什么小物件，都应该选择苹果品牌——如果市面上出现了苹果品牌的这些小玩意儿的话。最近，我看到他的一位同事向他询问购买哪台笔记本电脑的建议。果不其然，他推荐了一款苹果产品，并向那人解释了苹果电脑如何对病毒免疫，以及操作系统有多稳定。不久之后，我和这位朋友在一起，这时候的他十分恼火，因为他的苹果手机被锁了起来。据透露，这种事在最近几周发生了好几次。他不愿意把自己在一款产品上遇到的问题归结为整个品牌，这有力地表明了他与品牌的关系，也反映了我们都倾向于表现出的偏见（除非我们被迫通过顾客调查而人为地变得理性）。

在观察零售环境中的顾客时，我经常发现他们的行为与他们告诉我的不一致。顾客可能会证明他们选择的是"最佳产品"，但是，如果他们在去商店之前没有做过调查，也没有花足够的时间去寻找备选品牌，那么，这就表明，他们与自己选择的品牌的关系比竞争对手更深。正确的分析通常会揭示这种关系的形式以及它如何影响他们的行为。

与所观察到的情况相比，顾客对其体验的批判性评估的准确性，通常也具有启发性。因为在大多数情况下，我们的大脑都在努力选择能够增强我们最初感知的证据，所以，顾客允许自己注意到的东西可以揭示他们对相关产品、品牌或零售商的感觉。

千禧穹顶的教训

现在仍然有一个可以向顾客提问的地方，但它距离开始了解顾客的过程并不近，不应该停留在人们所说内容的表面价值上。采访的本质必须完全转变。当潜意识涉及顾客行为时，它总是反映出受访者能够准确提供指导商业决策所需的信息是徒劳的。相反，正确的问题可以帮助证实或扩大所观察到的情况。我们有必要从这样一个原则开始：顾客不能告诉你的是他们的想法和他们将要做的事。

根据我的经验，回答市场调查者问题的人通常不会主动试图欺骗任何人（包括他们自己）。当受访者说"我没有意识到我这么做了，但我确实这么做了"的时候，这是一个很好的迹象，表明你已经深入了解他们潜意识的运作方式。

不幸的是，受访者非常愿意回答问题。人们只能对那些说他们可能会去参观千禧穹顶的受访者想象中的壮观场面感到好奇。可以肯定的是，他们乐于想象和猜测，而唯一合乎逻辑的反应是说："我怎么知道我是否会去参加这个还没有构想出来的活动呢?

在这种情况下，保证未来顾客导向的行动的唯一途径就是进行人为调查过程（而不是现场试验），小心复制可能的心境和背景影响，注意调查过程中潜在的偏误和影响，这样可以减少误导性阅读的风险。从这个意义上来说，一种方便的方法可能比大多数的当前方法更可靠。

在调查中，还需要仔细考虑问题的先后顺序。在受访者的脑海中，一个问题或评论比另一个问题或评论更早地形成了一种潜意识的敏感和联想，忽视这种感觉的做法是鲁莽的——不管是问他们什么，还是他们听到自己回答什么。对于这项只有一个问题的调查，受访者有许多话要说。

如果调查的主题与现在有关——例如，当前的态度或感觉，那么，这个过程必须从关注行为的问题，而不是从事后合理化的思维和感觉开始。受访者必须不知道该调查的主题，这使得他们很难过滤和框定自己的回答。人们常常会思考自己为什么要这么做，并为自己和他人辩护，却很少考虑自己做了什么。这不仅为判断随后表达的态度和感受是否一致提供了依据，还有助于将研究过程中形成的心智构架转变为符合顾客兴趣体验的心智构架。

在此之后，我建议问一些问题，以探究潜意识影响的哪些元素可能激发了这种行为。同样，这优先考虑的是潜意识的作用，而不是事后可能做出的有意识的构造，以支持顾客认为自己是自主的、有意识的、独立的、存在的观点。随后的提问可能会引起受访者的事后合理化和有意识的分析，因为在这个阶段有一个基础来判断它的一致性。

如果千禧穹顶调查发现，受访者之前自发去主题公园式景点的次数很少，那么，调查者可能就不会那么倾向于认为他们自己的景点会吸引那么多人。如果他们怀疑调查过程的真实性，那么，他们可能会问同样的人：有多少人可能会访问一个现有的景点？当有真实的游客数量时，他们会得出结论，主题公园的游客不能可靠地预测自己的行为。然而，加上它不具有吸引力的复杂性，以及促使受访者考虑一件与情境有关的事情的可能后果（相当于调查者在问："你是要去千禧穹顶庆祝 2000 年，还是想出更好的方式来庆祝千禧年？"），结果依然会误导人。

从很多方面来说，当我们向人们提问来为决策提供信息时，我们需要认识到潜意识的作用，并寻找线索来了解它是如何受到影响的。同样，对我们大脑（我们无法直接进入的）的这一部分驱动我们行为的方式的敏锐洞察，通常可以帮助我们识别出任何新计划都必须克服的潜在挑战。在这种背景下，人类行为的另一个方面远比我们大多数人愿意承认的更有影响力。要想取得成功，任何组织都必须与之保持联系，但矛盾的是，永远不要征求它的意见。我们必须了解芸芸众生。

第七章

——

群体思维：

为什么我们容易受到群体的影响

就像我们没有意识到我们的物理环境如何影响我们的思想和行为一样，我们也没有意识到别人的行为会对我们产生微妙而重要的影响。邪教、宗教和品牌都依赖于群体影响力的某些方面来传播它们的信息，有时传播速度十分惊人。

这样的历史教训不胜枚举：某个群体受到了影响，从而以一种其他人似乎无法理解的方式行事。纳粹党上台时，有党员 200 万；到它灭亡时，人数已经有超过 800 万了。[1]虽然其中许多人是由于职业原因而加入的，但据估计，至少有 100 万人是活跃的成员，其中许多人在国家政府中担任高级职务，或多或少是其邪恶目标的组成部分。1933 年，44% 的德国选民投票支持希特勒的政党。毫无疑问，我们大多数人都愿意相信，我们不会被当时的花言巧语所说服，但事实是，重要的不只是说了什么，而是你周围有多少人在点头，因为这可以改变你的想法。

塑造大众的想法并不一定需要很多人。在 19 世纪后期，在一些真正的医学突破之后，当机会主义者试图用他们自己的偏方来赚钱时，美国到处都是灵丹妙药。这些机会主义者很快就了解到，用对了方法，几个人就能影响舆论，改变他们的命运。这种作秀将在城里进行，提供几个小时的娱乐节目，穿插一些简短的演讲。观众中有几个同伙会买这个产品，喝下它，声称自己病愈了，然后带着强烈的欲望，冲上去再买一瓶。很快，人们就会叫嚷着去买那些不可靠的酒精、植物油、草药和石蜡混合物，这些假货的包装盒上还贴上了一个类似于医学标签的东西，看着还真像那么回事儿。[2]

许多政治组织和品牌所有者会利用市场调查的小组座谈，他们相信，这样可以帮助他们更深入地了解人们的想法。但他们没有意识到，人们对一两个其他人所说所做的事情的敏感性，在当今的小组座谈中也很普遍。虽然对大多数人来说,如果这种方法腐蚀了一种地板清洁剂品牌,这可能并不碍事,但每个人都应该关注一种调查技巧,当各国政党使用该技巧时,会影响许多国家的国家议程。

小组座谈的吸引力来自于这样一种信念,即他们能够在一个主题上获得深入的信息:通过选取相似的一群人,并在很长一段时间内促进讨论,就会对这些人的想法产生深入的了解。这一理论认为,如果一个人的评论经过巧妙的调整,就会引发另一个人的其他想法,以此类推,直到该小组对手头的问题进行了集体思考。小组的优势之一是,相对较多的人(可能有 8 人以上)可以同时达到给定的主题探索深度;另一个优势是,与单独与人交谈相比,小组座谈可以取得共识,从而具备成本低、操作简单以及时间短的相对优势。

值得注意的是,在心理治疗工作中使用群体,恰恰是因为他们能够影响人们的变化。然而,人们含蓄地认为,在市场调查中使用的小组座谈,根本不会改变人。虽然治疗师的角色显然是有作用的,但事实是,如果他或她是群体治疗中唯一的影响点,那么,就没有必要让患者忍受与陌生人分享自己的心理问题带来的额外痛苦。

那么,为什么我们对别人的想法如此敏感?它如何影响我们?为什么不管主持人多么优秀,小组座谈都会产生错误的结果?

人类天生喜欢模仿

我在前面已经描述了先入为主的心理现象和它可能引起的调查问题。我们刚才听到的影响我们"选择"说什么的能力,是我们无意中相互模仿的能力的一部分。任何人际互动都是这种先入为主的潜在来源,因此,它们是小组座谈的人际动态不可避免但无法控制的副产品。考虑到讨论的主题通常是相对次要的,而且人们很有可能会跟着谈话的节奏走。一个人选择用与前一个人相似的方式说话,并不能说明这是心有灵犀的证据,这只是我们互动方式的本质。不仅仅是我们听到的信息可以让我们遵循相似的心理方向。我们倾向于照搬别人的做法而不自觉。这方面的证据出现在了《顾客研究杂志》（*Journal of Consumer Research*）上。[3] 人们应邀去观看某人谈论一系列广告的视频；事实上，屏幕上的人需要在说话的时候从放在他们面前的碗里的两种饼干中选择一种进行品尝。该研究发现，观看视频的人会模仿视频中说话人的选择，从中选择相同的饼干。

可以显著促进任何计划成功的一个方面，就是人们会在多大程度上模仿别人使用产品或者听到别人谈论产品。这可以通过多种方式实现：为人们喜欢重复的广告设计一句标语，就像百威广告中那群明星所问的那样，"准备好了吗？"；让产品的知名度成为其吸引力的一部分，就像苹果在 iPod 的白色耳机那样；通过提前发布有限数量的关于产品的有趣信息来制造产品的轰动效应（只要你能不辜负自己的炒作），就像好莱坞喜欢做的那样——当它让人们知道一部新电影正在制作中的时候，一个特别的演员已经被选上了的时候，或者银幕上的爱情故事并不全是演戏的时候。

时尚和潮流就是从我们渴望模仿别人这方面发展而来的。不知什么原因，我们起初决定买一件衬衫，我们曾经非常喜欢穿它，后来却不想穿了，到了最后，当我们看到自己穿着那件衬衫的旧照片时，有时甚至会感到尴尬。

不幸的是，小组座谈并没有以一种有益的方式来模拟这种在不知不觉中受到影响的倾向，因为语境影响和日常生活的更广泛的内容被完全抽象和人为关注的调查兴趣话题所取代。因此，我们的模仿倾向于以人们对小组话题的反应方式表现出来。我最近做的一个品牌开发项目就说明了这一点（项目的"政纲"要求使用小组座谈；我的客户分享了我对方法论固有问题的看法）。我应邀去评估一项新的广告活动的潜在效果，该活动曾经几次投入了广告执行，制成了各种视频，其中包含静态图像和脚本化的画外音。其中一个广告执行以 20 世纪 70 年代情景喜剧风格的笑话为特色，其中包含了有伤风化的双关语。当第一次展示该视频的时候，受访者被引导去进行性联想，并且继续在其他的广告执行中寻找性暗示，当然这些都不是故意的，那些在看到包含双关语的广告之前看到这些视频的人，是不会察觉到这一点的。我能够预料到这些明目张胆的评论，并对它们不屑一顾，但是，当先入为主的植入产生了影响时，情况就不那么明显了。

在同一项广告调查中，我已经发现，当我们解构一个广告概念过程中人为的理性本质，这毫不意外地会驱使受访者说他们想要完全理性的广告：我的客户应该简单地告诉他们，它作为一个零售商存在，可以提供它所销售的产品。受访者相信，客户随后会决定是否需要这些产品，并采取相应行动。我很担心，观察这个群体的人可能会从字面上理解这些人所说的话，我需要暴露他们所看到的虚伪做作之处，所以，我让受访者说出他们最喜欢的广告。他们给广告起的名字和他们向我的客户要求的完全不一样：具有情感冲击力，没有理性或有形的诉求。或许更能说明问题的是，在第一个发言的人把汽车广告作为自己的最爱之后，随后的 7 名受访者也都提到了汽车广告；似乎没有人能想到其他产品的广告。

改变主意和群体保持一致

尽管我们可能会告诉自己，我们具有开拓和独立的天性，但我们的大多数行为都包含着和周围的人做同样的事情的情形。我们很有可能成为成千上万的人中的一员，购买一本我们在畅销书排行榜上看到的一本书，关于一位探险家，而不是在亚马逊雨林中探险的无所畏惧的勇者。有证据表明，我们情不自禁地在意别人的想法，并会竭尽全力去顺应。

1935 年，社会心理学家先驱马扎弗·谢里夫（Mazafer Sherif）邀请人们参与一项使用自动效应（autokinetic effect）的实验。该实验要求参与者在昏暗的房间里观察一个光点，然后报告他们认为光线是静止的还是在移动的，这是一种自然现象的再现，天文学家们首先观察到这种现象，认为恒星在移动。当参与者被问及个人观点时，他们的意见是一致的；然而，将参与者分成小组时，他们倾向于同意大多数人的观点，即便与他们最初所说的相矛盾也无妨。后来，对他们进行单独询问时，他们继续同意小组的观点。换句话说，当人们置身于一个群体的环境中时，他们会贬低自己的意见，以便发展一种群体可以接受的武断立场。

潜意识的"群体影响效应"（group influence effect）是存在的，证明这一点相对容易。让一个人站起来，看着某个抽象的点，你会发现，人们很少或根本不会注意。然而，如果你让 3~4 个人站起来，看着某个抽象的点，几乎每个人都会停下来看看有什么有趣的事情。

关于群体影响如何影响行为的神经科学研究仍处于起步阶段。最近的一项研究探索了让人们喜欢朋友喜欢的东西的机制。神经学家对青少年在聆听不同类型的陌生音乐时的大脑进行了功能磁共振成像扫描。每个参与者听到了一些播放的歌曲，并被应邀评价他们有多喜欢这些歌曲。然后，研究人员向他们展示了这首歌在一个大型参考群体中的受欢迎程度。为了确保人们不会因此而反对，参与者知道，他们会在研究结束时收到一张包含他们最喜欢的歌曲的 CD。

正如他们所预期的那样，调查者发现，人们确实会调整自己的评分，以符合对歌曲的"流行"看法。然而，在整个过程中，他们从大脑活动中发现的东西如此迷人。从大脑的相关区域来看（那些改变偏好的人的左前岛叶和右前岛叶很活跃），人们似乎改变了他们的偏好，因为他们担心自己的观点与别人的不一致。这种神经活动不同于奖励和效用的活动。在这种情况下，似乎音乐变得更有吸引力，不是因为它本身被人喜欢或欣赏，而是因为人们担心不喜欢它的后果。[4]

在行动中反映这些心理过程的营销案例研究之一，就是能量饮料红牛

（Red Bull）。这是奥地利商人迪特里希·马特希茨（Dietrich Mateschitz）在泰国旅行时发现的。这种饮料已经被称为泰国版的红牛，是一家制药公司出售的一种廉价滋补品，工厂工人用来帮助自己在工作时保持清醒。味觉测试的结果一点都不好。市场调查者得出的结论是，这是在顾客测试中表现最糟糕的一款饮料：外观、味道和口感被认为是"恶心的"，而"刺激大脑和身体"的创意并没有让任何人相信这种味道值得忍受。[5]

当该产品于 1987 年在奥地利首次推出时，并没有得到广泛的销售。然而，它却受到了俱乐部会员和滑雪板爱好者的欢迎，这些人对它的兴奋功能很感兴趣，并开始把它和酒精混合在一起。尽管红牛在泰国属于工人饮料，马特希茨却让它的定价远远高于其他软饮料。他知道价格可以改变人们的观念，这一壮举几乎肯定有助于红牛的畅销。

进行监管测试的时候，红牛的成分组合导致其在德国的上市推迟了很长时间。在此期间，人们开始谈论他们在奥地利边境遇到的红牛产品。关于这种饮料是否安全的讨论很有趣，也引发了激烈的争论，尤其是在高度倾向于冒险行为的年轻成人观众中引起了轰动。在随后的市场中，该品牌复制了这种排他性的模式，谨慎地选择与之相关的前卫场所和活动，并拒绝那些不利于形成品牌所有者想要创造的饮料形象的机构和零售商的要求。就在 2009 年 9 月，两家瑞典连锁便利店还禁止向 15 岁以下的儿童销售红牛饮料，此举只可能提高其在年轻人中的地位，而不太可能令销售红牛的公司感到不安。[6]

尽管产生了灾难性的调查结果，红牛还是获得了巨大的成功，它充分利用了社会好奇心，以及先入为主的心理和社会认同感。这不仅仅是因为喝酒很酷，还因为不喝酒可能会让你在同龄人面前显得很差劲。到 2006 年，该公司已经销售了 30 多亿罐"恶心"饮料，销售额超过了 26 亿英镑。

对于营销者、政治家以及任何希望聚集大批追随者的人来说，理解群体影响力的本质至关重要。然而，当一小群人聚集在一起，专注于一个商业或政治问题时，同样的影响是不具代表性的。再多的谨慎的节制也无法抵消这一事实——你所听到的将是团队动态的副产品，而不是人们普遍想法的可靠指标。

大多数人的意见

正如 19 世纪的美国推销员所发现的那样，对他人施加故意影响的最快方式就是寻求一个群体的帮助。如果几个人告诉某人某件事，此人会更容易相信；他甚至可能开始怀疑自己对此事的先前判断，并接受"群体"观点，取代自己的观点。

1953 年，所罗门·阿希（Solomon Asch）公布了一场视力测试的结果。他把参与者们分成几组（每组人都围坐在一张桌子旁，阿希先让他们看一张卡片，卡片上有一条直线，之后再看第二张卡片，卡片上有三条不同长度的直线，其中有一条明显和第一张卡片上的直线长度相同，而这群人必须轮流回答第二张卡片上哪一条直线的长度和第一张卡片的长度相等）。在此，真正的受试者只有一个，其他几个人都是为配合实验而故意安排的"助手"。阿希指示这些"助手"给出一个错误的答案。结果，超过 1/3 的参与者改变了自己的答案，以符合大众观点；只需要另外三个人自信地说出一个不正确的答案，就可以产生这种变化。[7]阿希实验的批评者质疑参与者的动机，认为他们修改自己的观点，是因为他们对这个问题没有强烈的感觉，也不想制造冲突。我认为，在考虑到阿希的实验结果更广泛的适用性时，这种顾虑合情合理。但同时，我也认为，绝大多数的市场调查都涉及这样的主题：期望参与者有强烈的积极性，这并不合理（实际上，如果有的话，人们可能会担心）。

最近，格雷戈里·伯恩斯（Gregory Burns）博士利用脑部扫描进一步研究了阿希的实验成果。和之前一样，他指示一部分参与者去提供一致的正确答案或错误答案，还有一个不知情的参与者，他真的在尝试匹配伯恩斯在"测试"中使用的旋转几何形状。大脑成像显示，当人们在受到群体的影响后给出答案时，他们并没有有意识地去相信他们所听到的信息，他们实际上已经开始相信群体给出的是正确答案。

当组织能够说服某人认为某件事值得去做或值得拥有时，这些人往往会做得很好。成为"最受欢迎"的品牌，被大量的人使用，或者发表许多正面的评论或评价，都会提供我们应该认为某件事很好的社会认同感。

小组座谈经常对一个主题产生统一的观点，当观察到个人品位的多样性时，很明显，这种凝聚力是极不可能实现的。共性是调查模式的结果，而不是真正的思想碰撞。索尼爱立信发现了这一点，并为此付出了代价。当时，该公司与一家主要网络（运营商）一起，利用小组座谈来评估新款手机 W600 在美国顾客中的吸引力。这一结果将决定运营商是否接受这款手机，还将用来帮助预测可能的需求。顾客对此印象不深，运营商也几乎完全不接电话。最后，该运营商决定接受它，并预测第一季度的销量仅为 5000 辆。当这款手机上市时，头两周卖出了 1 万部，第一季度的销量是最初预期的 10 倍。正如索尼爱立信公司的一名员工所描述的那样：

> 由此造成的订单积压和供应链混乱是一场噩梦。我们的最终预测是，如果我们能够满足需求，大约会卖出 7.5 万部。

只需一到两个人就能表达对新手机的负面看法，其他人也会跟进。不管是他们被某个人引导到一个不那么引人注目的特性上，即对竞争产品的强烈熟悉和偏好，还是对索尼爱立信某款产品的糟糕体验所吸引，结果都是一种消极的共识占据了上风。

当考虑到一款新产品在市场上的潜在成功时，有必要反思一下这个问题的基本数学原理。索尼爱立信公司需要多少人喜欢它的新手机？人们理所当然地认为，苹果公司的 iPhone 取得了巨大的成功，然而，在推出一年后，它在智能手机市场的份额只有 10% 左右。[8] 索尼爱立信的手机从未打算占据如此大的市场份额，但即便如此，它也只需要每个群体中只要有一个人对它足够热情，并决定在接下来的 12 个月里购买一部。

一些市场调查者可能会指出，用定性方法来衡量产品的潜在市场是错误的。然而，在更广泛地开发之前，这些技术通常被用于筛选最初的想法，在这时，一个人喜欢的产品将很快就会遭到抛弃。无论如何，同样的基础数学也适用于定量方法：很少有公司会推出一款只有 5% 的受访者表示会购买的产品，但这可能是新产品生命周期的第一季度所需要的（或能够实现的）全部内容。

讨论可以改变态度

早在 1961 年，詹姆斯·斯托纳（James Stoner）就发现人们在和一小群人讨论一个话题后改变了态度。[9] 大卫·梅尔斯（David Myers）和赫尔穆特·拉姆（Helmut Lamm）对小组讨论的研究进行了广泛的回顾，他们发现了大量的证据，证明他们对那些在各种各样的情况下都参与其中的人产生了极化效应（polarizing effect）。当人们以这样或那样的方式单独考虑某件事的时候，与小组的讨论往往会放大这种观点。在讨论结束时，一个微小的偏好或厌恶将会被放大。原因很有趣。研究表明，人们进入小组讨论时，对其他参与者的立场产生了误解；他们倾向于认为自己的观点会比小组的观点更有说服力，并认为自己的理想立场比自己准备好表达的立场更为极端。当小组讨论中提出的论点支持最初的立场时，人们觉得有必要将自己宣称的立场向那个方向转变。

换句话说，我们更倾向于认为自己处于社会偏好的方向，而不是我们与之比较的人。似乎我们一直在用心理记分卡来评估社会平均水平，以确保我们的排名刚好在它之上。

有趣的是，阅读或聆听争论通常比实际参与讨论产生的效果要小。有人认为，是积极排演或重新表述一个论点的心理过程导致了立场的转变；我们向别人表达论点的过程，可以说服我们相信自己的论点。[10] 我们煽动关于一个主题或品牌的辩论来建立影响力，这是病毒式营销和政治类博客如此有效的原因。当这个话题被巧妙地释放出来，或者辩论的导火索以正确的方式点燃时，结果可能是戏剧性的。

小组座谈面临的挑战因其关注的主题往往单调乏味而变得更加复杂。在与陌生人就死刑或中东问题的解决方案进行辩论时，你会坚持自己的立场，这是一回事，但是，早餐麦片的包装，或者你对新饼干的反应，并不是大多数人所热衷的事情。研究分析讨论内容表明，态度的最大转变发生在主题平淡无奇、论点却十分新颖的地方。许多小组座谈将创建他们报告的态度，而不是反映没有参加讨论的代表人物的观点，那些讨论可以为调查过程提供便利。[11]

重复表达的次数

通常情况下，主持人是在寻求群体对某个话题的认同感：品牌如何被感知或定位、新产品的优点、广告活动的吸引力。如果有几个人对某个话题提出了类似的观点，那么，推测这个观点被广泛接受并以这种方式进行报道，这似乎合情合理。然而，社会心理学家通过实验发现，仅仅一个人重复一种观点几次，其影响力几乎与几个人独立提出同一观点的影响力相当。[12] 确实存在这样一种风险，即听一群人讲话的人不会被一个真正的共识所左右，而是会被一个重复的声音所左右。对于做广告的公司来说，这并不奇怪：让信息奏效的部分原因是人们听到它的次数。

另一个小组成员提出一个观点的方式也会极大地影响到在场的其他人。不仅仅是语调使观点更具权威性和影响力，事实证明，这个观点本身的性质也会改变人们受其影响的程度。当一项声明被认为是可以或应该事先得到证实的东西时，人们就会修正自己的态度和意图，就好像他们真的事先知道了它是什么一样。[13]

全球权威音响杂志《绝对音响》（*The Absolute Sound*）的编辑罗伯特·哈利（Robert Harley）在一篇引人入胜的文章中阐述了一种声音能有多大说服力。他描述了瑞典广播电台进行的一项盲听测试，该电台想要确定一种低速率编码器（压缩和播放背景音乐的系统）是否足以取代欧洲的调频广播。他进行了一项认真的"双盲测试，三重刺激，隐藏参考"，在这里，60名"专家"听者将进行超过两万次的评估，先听未处理过的信号，然后再听同一首音乐的另外两个版本；他们必须识别哪些信息被编码器处理过。最终，瑞典电台将搜索范围缩小到只有两个编码器，这两个编码器被认为足以取代模拟调频广播（analog FM broadcasts）。这项测试似乎非常彻底，完全没有偏见，而且完全公平。

然而，在得出结论之后，瑞典电台向公认的数字音频专家巴特·洛兰蒂（Bart Locanthi）发送了一盘用新的编码器压缩过的磁带，洛兰蒂听了这首歌，知道这首歌受到了压缩。他立即发现，压缩造成了失真。当他把自己的发现汇报给瑞典电台的时候，台里的工作人员也毫不费力地发现了同样的问题。几分钟后，他就发现了所有这些盲测都没有意识到的东西。[14]当在一组环境中倾听时，不管所有的相关人员在想什么，都会有一个声音促使他们重新评估自己的意见。

如果采取非常高效的营销手段，就会削弱小组座谈作为探索人们想法的客观工具的地位。了解一个人对一群人的影响有多大，特别是那些公认的专家或名人，他们有一种亲和力，可以为塑造你的品牌形象提供一个强大的机制。例如，在20世纪90年代初，必胜客希望提升其品牌知名度。它成功地在广告中使用了许多不同的名人——从超级名模到赛车手。结果，以前没考虑过去该餐馆的人也改变了观点，必胜客的销售额开始攀升。

相反，在小组座谈中，一个观点如果论证充分、角度新颖或表达权威，就可以左右整个辩论的结果，而且，那些参与者确信他给出的观点就是他们自己的观点，而不是听从小组讨论的结果。所有在场的人对一个话题都有相同程度的经验和承诺，这样的事情很罕见。将一个问题或主题提交给小组，并邀请小组进行回应，这就是小组座谈模式，它鼓励那些有着强烈参与感和有鲜明观点的人以及在场最自信的人先发言。这个过程促进了领导者的出现，而一个人的观点常常会影响到其他人的反应。

集体思维的风险

当一群人一起做决定或一起工作，对某事得出结论时，就会有集体思维的风险。20 世纪 70 年代，美国心理学家欧文·詹尼斯（Irving Janis）首次详细解释了这种现象。他意识到，做决定的群体有能力在没有足够的批判性分析和过于顺从主流观点的情况下做出这些决定。他解释说，这在一定程度上导致了很多政治败局，比如，偷袭珍珠港事件、古巴导弹危机和水门事件……巴特勒勋爵（Lord Butler）2004 年对英国大规模杀伤性情报的评估，以及参议员帕特·罗伯茨（Pat Roberts）对美国情报的评估都认为，入侵伊拉克的决定背后的情报失误，原因之一就是集体思维。

当我们考虑导致这些臭名昭著的决定的因素时，很容易将其与顾客小组座谈相提并论。詹尼斯发现了集体思维的 8 个症状，具体如下：

1. 这种刀枪不入的幻觉会产生过度的乐观情绪，从而鼓励冒险行为。很难想象还有哪个群体比顾客群体更无懈可击。如果他们喜欢某产品、广告，或任何正在测试的东西，那么，他们没有任何内疚，即使是为了几英镑，这个产品也要卖出去；事实上，根据英国市场研究协会的行为准则，保持销售和调查之间的界限，这种必要性是可以理解的。

2. 集体合理化——低估那些可能挑战小组假设的警告，而不是重新考虑它们。大多数团队引导师的目标是达成一致意见（即使是潜意识的观点也无妨，因为这样写报告更容易）。再加上先入为主心理而引发的问题，以及人们倾向于坚持自己所说的观点，而不会承担被视为不一致（认知一致性理论）的风险，因此，集体合理化的倾向肯定是存在的。

3. 毫无疑问，对群体道德的信仰导致成员忽视他们行为的后果。根据我的经验，很少有受访者会在小组座谈中做出自我批判的判断，因为他们太专注于被构成小组其他成员的陌生人如何看待。然而，这些问题由于（对受访者）他们的小组座谈评论没有影响而变得更加复杂。让受访者对随后的营销失败承担法律责任，这是一个有趣的想法，但是，调查的回复率可能会下降！

4. 对那些以一种贬损的方式反对这个小组的局外人形成刻板印象。不管被调查的是什么，对公司背后的想法的抵制，可能会阻碍在其他情况下可能具有说服力的概念形成。

5. 直接打压不同意见者——成员们面临压力，不能发表与小组观点相左的言论。再一次，没有多少人愿意在一个顾客问题上坚持原则，在一些人提出相反的观点时，他们会认为这个问题要么微不足道，要么纸上谈兵。

6. 对偏离群体共识的想法进行自我审查。我已经讨论过群体极化的本质，对社会凝聚力的渴望在许多方面很奏效，人们不得不质疑，受访者在顾客小组座谈中引入不和谐的一个话题时，需要对这个话题有多强烈的感觉。

7. 小组成员全体一致的错觉——人们把沉默看作是同意。很少出现这样的情况——某项调查的主持人积极地收集每个人表达的意见，不仅仅是因为它会打断讨论的流程，并引发一种非常不自然的互动，从而违背小组座谈的主要目标（比如，让人们谈论正在讨论的问题）。

8. 自己做主的心灵卫士，会保护团体不受反对信息的影响。

撇开第 8 点不谈，我想说的是，第 8 点只适用于最糟糕的小组座谈主持人，而我承认，第 2 点是无足轻重的，有一种观点认为，詹尼斯的 8 种群体思维症状中有 6 种出现在了小组座谈中。因此，小组座谈得出"坏"结论的倾向是值得注意的。

在第三章中提出的问题之后，不用说，许多顾客聚在一起讨论某件事的环境与顾客正常反应的环境几乎没有关系。长期讨论顾客问题的人工焦点是导致扭曲的一个因素，而这种焦点很容易完全忽略问题的关键，要么是因为顾客的反应并不是在这种心理过程中决定的，要么仅仅是因为讨论的抽象性意味着一些看起来无关紧要的东西被掩盖了。然而，如果这一切还不够的话，市场调查领域还在密谋创造一种方法，让小组座谈变得更加人工：观看设备。

便利战胜真理（又一次）

如果到目前为止所提供的论据和科学支持已经让你们信服（正如我希望的那样）：环境影响了人们的思维和行为，那么，接下来会发生什么就不足为奇了。然而，观看设备的广泛使用和它们公然无视人类心理的方式，意味着它们值得被本书收纳。

我承认，关于潜意识在多大程度上驱动我们的行为，以及我们无法准确地将其事后合理化的一些新证据，在直觉上并不明显。事实上，发现意识意志的幻觉有多广泛，这是相当不舒服的（用丹尼尔·韦格纳的话来说）。然而，我不认为，大多数观看设备固有的问题应该如此不明显，而且在许多方面，它们展示了在市场调查中被广泛接受的人工极端。就好像有人坐下来思考："呃，我怎样才能找到一种方法去挖掘人们认为最不现实的东西呢？"

对于不熟悉的人来说，专门建造的观看设备提供了一个可以进行调查的房间，通常有 10 或 12 把舒适的椅子、一张咖啡桌和一台电视机（用来播放广告等刺激性材料）。这个房间有几乎一整面墙都被双向镜（有时被混淆地称为单向镜）所取代，而房间的另一边是另一个房间，这里有同样数量的观察者，可以在不被受访者看到的情况下观看整个过程。受访者房间里的麦克风可以捕捉到声音，在几乎所有的情况下，都有一两个摄像机可以记录对话。

你可能会想，到目前为止还不错。然而，为了让观察者对受访者不可见，有必要让受访者的房间保持非常明亮的灯光，而观察者坐在光线灰暗的地方。此外，为了防止摄像头和麦克风不被明显暴露，受访者被告知（通常是口头通知或房间里的标牌告知）他们正在被录像和录音。在这样的环境中，我们中哪一个人会拍着胸口保证，我们真诚地相信在这样的环境中还会做自己呢？英国有 150 多家这样的设施，美国有 600 多家，每组收费几百美元。一些更大的制造企业经常使用观看设备，因此投资买了这些设备。

正如市场调查中经常出现的情况一样，不管所听到的内容是否可靠，听顾客说话的便利性都是可以接受的。让我们来探究一下为什么结果可能不可靠吧。

准备开始思考

甚至在第一个主题被提出来讨论之前，观看设备就已经产生了问题。早在受访者坐在装有镜子的明亮房间里的舒适椅子上的时候，他们就不得不面对"观看设备"的问题了。如果你花时间观察人们从一个空间移动到另一个空间，你会发现，在从一个区域转移到另一个区域时，他们会改变速度。当他们旅行时，他们会潜意识地调整自己的思想——准时到达的目的地,预见那里会发生什么，从而评估他们的新环境。这是优秀设计师们擅长影响以适应他们目标的一个元素；在零售环境中，它可以帮助鼓励顾客更快地接触到更多的产品，并在店内逗留更长时间。大多数观看设备无意中营造了一种进入秘密政府大院的感觉！因为它们被安全地装在了门禁系统的后面。受访者只能通过对讲机向一位看不见的接待员宣布自己的身份。然后，沿着一系列楼梯和走廊到达第一个等候区，或者在制造商所属的设施中，乘坐电梯到达七层楼。

据我所知，还没有人研究过这样一个入口如何影响人们的言论，但考虑到微妙的环境因素如何塑造人们的反应方式，很难想象他们不会这么做。即使这样的到来很快就会被人遗忘，但是，镜子的使用、人们的观看、录音设备和光照强度，都可以明显地改变人们的思维方式。

镜前反应机制

镜子对视觉体验至关重要，但它也是一个问题，因为它也会改变人们的思维和行为方式。大多数人在看到自己出现在视频中的时候都会感到惊讶（对我来说，这很不愉快），因为当我们有意识地照镜子时，我们通常不会看到自己本来的样子。如果我们心理健康，就会过滤掉消极的东西，专注于自己喜欢的部分；如果不喜欢，我们要么专注于自己不喜欢的部分，要么太喜欢自己，让别人无法忍受。这种心理机制使人们购买不适合自己的衣服，他们会轻蔑地看待别人，仅仅因为他们试穿时只看了一个方面的效果。同样的心理机制，尽管到了极端的程度，也会使厌食症患者看到他们自己，并仍然认为自己需要减肥。

在这样的尺度下，当你坐在镜子前的时候，观看设备上的镜子更像是不受欢迎的、不讨人喜欢的自己的视频，偶尔会反射出一些自己潜意识的表情和行为。

"这种自我意识是否一定会改变什么？"我听见你们在询问。证据表明确实如此。帕科·安德希尔（Paco Underhill）花了好几个小时观察零售场所的顾客，他意识到，当人们经过闪亮的表面时，就会放慢速度。但是，当最后出现太多的反光表面时，他们就会迷失方向。[15]亚瑟·比曼（Arthur

Beaman）和他的同事们在万圣节前夕进行了一项关于镜子的实验[1]，看看镜子的出现是否会减少这类不诚实的行为，他们发现，那个时候，多拿糖果的孩子少多了。[16] 另一项研究发现，照抄外国文本的人的表现会因为镜子的出现而得到改善。[17] 迪纳（Diener）和瓦尔伯恩（Walborn）最后多花了一点时间，就减少了考试作弊学生的比例，从 70% 减少到了 7%，唯一的不同就是有一面镜子。[18]

被人观察的时候

考虑到人们在观察自己时的行为是不同的，所以，当他们知道自己被别人观察时，他们这样做也就不足为奇了。除了预期的自我认知和自我意识的提高，我还发现它能增加防御性和攻击性，尤其是在男性身上特别明显。麻醉师进行的调查显示，得知自己被人观察的病人在手术期间和手术后的行为发生了改变，包括他们在手术后感受到的疼痛程度（被观察的病人感觉疼痛感减轻了）。这项研究得出的结论是，在临床试验中观察病人的行为，可能会使实验结果无效[19]。

光照强度的影响

让双向镜正常工作所需要的明亮灯光对受访者产生了影响。无数的调查论文研究了光照强度和类型对人类的影响，包括在下文中讨论的霍桑实验（Hawthorne research）。[20]

---

[1] 这次的实验地点在 18 个住户的家里。当前来要糖的孩子敲开家门时，化装为住户的研究助理会接待孩子们，并指向家中桌子上的糖果盘，表示每个孩子都可以拿一块糖。说完后，他就借口有事离开了房间，其实是躲起来偷偷观察孩子们会不会多拿糖，而孩子们不知道有人会在暗自看着自己。——译者注

从本质上说，我们的身体是由光线调节的，我们的昼夜节律大约每24小时重复一次，周期包括睡眠或觉醒、体温、荷尔蒙分泌和警觉性。由于我们的生理和光线之间有着如此基本的联系，因此，不足为奇的是，研究发现，当光照强度变化时，人们的行为和情绪会有所不同。最简单地说，在工作环境中，光线越亮，员工的参与度就越高，产出水平也就越高。例如，一项研究发现，对不雅噪音的敏感性随着光照强度的增加而增加。[21]

不准确的方法

观看设备环境的总体影响是诱导一种超意识感，这与大多数顾客行为的发生方式大相径庭。通过入口系统的过渡，通常包括有意识地表达受访者在那里的原因；沿着陌生的走廊走到一个房间，受访者被告知他们正在被观看、被拍摄和被录音；房间里灯火通明，一面大镜子反射着别人在观看他们的场景——在我看来，没有什么方法能找到顾客的真相。如果没有一个安静的观察者站在每个受访者旁边，我很难想出一种方法去创造一个与顾客现实更不一致的调查环境。通常来说，当人们提到霍桑效应时，是为了支持这样一种观点，即当人们知道自己被人观察时，他们的行为会发生变化；在实验中，调查者观察了不同环境条件下工人的工作效率是如何变化的（最初是光照强度的变化）。自从最初的项目开展以来，其他几项研究也对这项调查进行了审查，并提出生产力的变化可以归因于其他变量。然而，考虑霍桑工厂[22]观察到的生产变化的所有变量，这一点也很有趣：

- 不同的光照强度会影响生产力。
- 参与者之间的即兴团队合作可以提高他们的效率。
- 研究参与者，可以影响他们的动机程度。
- 测量参与者的工作反馈，可以提高他们的技能。

在观看设备中，前三种影响几乎肯定是存在的，有理由认为，主持人的存在和影响与第四种类似。

正确看待小组讨论

当索尼爱立信公司意识到，在 W600 手机上运营的小组座谈让它损失了多少钱时，该公司被迫重新考虑使用这些小组。显然，在那之前，人们默认的看法是，询问一组顾客，他们认为可靠的衡量标准是什么。虽然有一些公司已经放弃了小组座谈，但几乎每一家自称是定性研究方法专家的调查机构都将小组座谈作为一种合法的市场调查工具。因此，大量的产品、服务和营销沟通都进入了市场，或者因为集体访谈的顾客群体的反馈而遭到拒绝。还有一种观点认为，与在场的其他顾客进行讨论，将会揭示出更多的想法和感受，而不是通过其他方式识别出来的，当然，这样的小组讨论进行起来又方便又快捷。

毫无疑问，我们自己有意识控制的幻想有助于这样的视角——我们知道自己可以应邀与一群陌生人讨论我们对某事的看法，并冷酷地坚持自己的信念。毕竟，我们知道自己在想什么。

很多针对小组座谈的批评都涉及受访者的招募问题。愿意参与的人们是否一定代表整个市场？他们是频繁地参加这样的讨论，并频繁获取报酬的"职业受访者"（professional respondents）吗？还有一些人指出，对于一个所谓的深度调查方法来说，每个参与者的讨论时间可能并不充足：参加标准 90 分钟小组讨论的 12 名受访者，平均每人有 7.5 分钟的发言时间，如果包括任何介绍或热身讨论的话，正式发言时间还会更少。

然而，如果任何一个群体从本质上扭曲了受访者的想法和言论，这些都是悬而未决的问题。当人们在群体中有不同的想法时，需要对一个主题有更强烈的感觉，才能在群体环境中为其辩护，当人们允许他们的态度和关注的东西接受改变时，就容易被别人说的话所激励和引导。

有很多理由相信，从小组座谈中产生的信息是其收集的群体动态的副产品，而绝不是真实世界中同一批顾客反应的准确反映。鉴于顾客调查话题相对平淡无奇，在小组讨论中，受访者提出的任何合理评论或反应都可能不会遭到在场其他人的反对。从心理学的角度来看，先说出来的事实会给它带来额外的影响。

所有这些问题都因我在前几章中讨论过的问题而变得复杂起来，前几章考虑到人为自省的危险，以及调节者的行为方式的潜在影响，潜意识地鼓励一种特定类型的反应。我们有必要鼓励受访者体验舒适和敞开心扉，鼓励积极的回应，让你的行为"取悦他人"。

如果准确的顾客洞察是目标，那么，到目前为止，最简单的"解决方案"就是完全避免小组座谈。对他们来说，唯一的理论空间就是调查者是否相信他们可以模拟人类群体中发生的复杂的社会影响。在这种情况下，听到小组互动发生，可能会有启发。然而，这并不能成为招募一群互不认识的人并调节他们之间讨论的理由。相反，我们的目标应该是找来一个现有的社会群体，让他们处于尽可能准确的环境中，在他们面前（以及在尽可能多的竞争面前）巧妙地释放主动性，然后，退后一步，看看会发生什么。即便如此，有些心照不宣的问题，比如主导讨论的领导者观点，或无意中引发的将其引向特定方向的先入为主心理，都意味着它不可信赖。

英国皇家邮政集团决定重塑自己的品牌，以创造一种能反映其作为一家企业所做的一切并能在国际上发挥作用的身份。据报道，它在这个过程中花费了200多万英镑。该公司表示，自从它更名为"康塞尼"（Consignia）之后，"在顾客调查中非常受欢迎"。然而，它遭到了媒体的猛烈抨击；这似乎是一个单词，但没人知道它的意思。更糟糕的是，英国顾客与邮政集团有着长期而广泛的亲密关系，他们感觉自己正在失去一些基本的东西。正如你现在所知，损失厌恶是一股强大的激励力量。理解顾客行为的真正本质，远比浪费在市场调查上更有价值。[23]

无论如何，如果感兴趣的主题是：当人们被安置在一个灯火通明的房间里，并被一群隐蔽的陌生人注视时，他们在谈论什么呢，使用观看设备吧。在其他情况下，使用观看设备就不太可能有帮助。

在很大程度上，考虑群体的最佳方式就是考虑社会影响对顾客行为的作用。正如我在前几章中所讨论的那样，人们非常容易受到先入为主效应和社会认同感的影响。一个产品或新品牌的吸引力可能会受到赞美它的人或公开使用它的人的巨大影响，而不必有意识地考虑它的明显优点。

事实上，顾客行为就像所有人类行为一样，在很大程度上是更广泛的社会群体的副产品。理解环境和群体影响力的正确组合如何能带来商业成功（或缺失），或许就像尽可能地为营销新产品定义一个神奇的公式一样。然而，这种对小组互动的研究必须在顾客的自然环境中进行，或者从更广泛的角度来考虑我们彼此之间的行为方式。

回到我之前讨论过的新可乐的例子，群体影响效应是可口可乐失败的另一个重要因素。不可避免的是，可口可乐的客户没有像调查对象那样，对新配方的品质进行独立、平衡的评估：他们听到了媒体、朋友和同事的谈论。这种情绪开始蔓延，人们认为，从某种程度上来说，取消旧配方正在削弱美国的本质；一家报纸的专栏作家把改变饮料配方比作是把罗斯福总统的脸从拉什莫尔山移走。[24] 可口可乐公司的高管们表现出了令人钦佩的（尽管是被误导的）信心，他们继续从调查中得到安慰，这些调查告诉他们，人们喜欢这种新口味。相反，人们倾向于厌恶损失，并模仿周围人的情绪，这些人说，一些重要的东西正在被人拿走。最终，该小组认为，他们不喜欢可口可乐的做法，这远比他们个人对实际口味的看法重要得多。

若要了解小组座谈不能帮助阐明人们的真实想法或行为的原因，请看下面的一个列表，考虑一项你可能被误导要求这样一个团队来评估的计划：

小组座谈不起作用，因为……	你的倡议性问题是什么……
人们互相模仿。	能看到吗？
人们改变主意以适应环境。	人们会觉得他们必须拥有它吗？
人们同意大多数人的意见。	你能尽早争取到足够多的人吗？
讨论改变态度。	你能让人们谈论它吗？
一个声音可以左右整个群体。	你能找到支持你的专家或大使吗？

小组座谈最受欢迎的应用程序之一就是探索人们想要什么，以及他们是否喜欢某产品、政策或交流。这就提出了一个问题：有没有一种可靠的方法来询问人们将来想要什么？

第八章

———

顾客未来学：

为什么无法预知顾客未来的消费选择

如果你问别人想要什么，那你就错了。正如亨利·福特（Henry Ford）所说，"每当我问顾客需要什么的时候，他们总是会说需要跑得更快的马。"尽管有些人可能对此有所犹豫，说他们对已经拥有的马非常满意（特别是如果他们刚刚买了它的时候）。同样，如果你问别人对新的产品、服务或营销理念有何看法，让他们的集体意见左右你的看法，那你就错了。当市场调查跟跄进入未来领域的时候，那就是鲁莽和不计后果。

我在本书中引用的大多数例子都涉及未来学的研究元素：试图创造出一种新的可口可乐，顾客会喜欢它胜过其他产品；有多少人会决定去参观千禧穹顶；是否有足够多的人选择喜欢红牛饮料、百利甜酒、索爱手机或啤酒广告。无论调查过程的重点是什么，它们都强调了失败，而且都是有用的例子，因为现实生活有机会证明它们是错误的。近年来，从社会心理学和神经科学中出现的科学理解表明，大多数调查都是痴心妄想。市场调查唯一能保证的是，你能得到一些答案，但是没办法准确反映出人们的动机、需求或欲望。

幸运的是，在调查中有足够的不可知论让人们偶尔相信自己的直觉，而不相信调查的结果，不管怎样都要继续下去，因此，这种调查失败的证据偶尔会进入公共领域。然而，调查行业的巨大规模证明了这样一个事实：在做出决定之前，我们希望能得到一个保证：这个决定是好的。

这绝不是人类社会中一厢情愿的唯一例子：宗教传播了不可思议却令人满意的关于死后生命的观念；占星术认为，天体的位置可以解释现在和预测未来；顺势疗法认为，一种物质越稀释，它的治疗作用就越强。历史表明，如果一个想法能让人安心，不在乎或能抛弃那些破坏它的经验，人们就会欣然接受它。

有的公司承认，它们有责任决定自己应该创造什么，并承认自己作为专业知识的最终仲裁者和自己品牌的保管人的合法地位。保时捷汽车制造公司（Porsche）从来没有征求过客户对其汽车设计的意见；它认识到，应该由公司来决定某件事是否正确。保时捷卡宴越野车（Porsche Cayenne SUV）证明了这种方法的好处。这款车得到的评价褒贬不一，许多专家认为它很丑。而且，保时捷跑车的买家正在购买竞争对手的越野车作为家庭用车，但是保时捷公司忠实于这样的视觉线索，给人们时间去适应它的设计，于是，这款车获得了成功，在一年内销量超过了该公司生产的其他车型。[1]

2003 年，宝马公司对宝马 5 系车款进行了彻底的重新设计，导致业内专家的评论褒贬不一。然而，在不到 5 年的时间里，许多竞争对手的新车都在模仿宝马的设计元素，而那些没有模仿宝马的则开始显得明显过时。这家德国汽车制造公司努力了解客户，但它知道，它不能依靠客户来塑造设计。正如宝马的设计总监在 2008 年接受《华尔街日报》采访时所解释的那样，该公司将要求客户根据当今世界做出判断，而这些设计需要在 8 年后才能吸引他们。[2]

也许，当英国 BBC 探索委托制作经典科幻系列《神秘博士》（Doctor Who）新版本的想法时，我遇到过的最具讽刺意味的未来学调查案例出现了。这部电视剧讲述的是一个自称为"博士"的"时间领主"的故事，他经常穿梭于未来。根据这部剧的作者所说："该调查发现没人想看《神秘博士》。孩子们说，这是给他们父母看的节目。父母们说，这是一部毫无生气的电视剧。我原以为一年后会销声匿迹。"该研究得出的结论是，该节目是科幻怪才们的小众节目。[3] 但是，节目主管们忽略了这些调查结果，风雨无阻地制作了这个节目。在过去的 5 年里，它在 BBC 收视率上取得了巨大的成功。英国 BBC 不妨问问这位虚构的博士，未来人们是否会关注他。

预测未来

在各行各业，人们对准确预测未来的能力持怀疑态度，这是可以理解的。虽然有些人对占星家和通灵家提供的含糊笼统的说法信以为真，但这样的做法在接受科学审查时却从未有过良好表现。由于受害者（或者像这些暗黑艺术的实践者描述的"顾客"）对预测所包含的神秘因素存在不健康的确认偏误，这些预测就会一直存在下去：他们只会把重要性归因于预测的正确性，从而忽略那些无关紧要的预测。

市场调查经常含蓄地宣称自己是一种展望未来的工具。顾客会购买特定的产品吗？他们还会再买吗？哪一种包装会鼓励他们更频繁地购买？他们会再次回到商店、餐馆或场地来购买吗？他们将如何选择？所有这些都取决于这样一种观念，即对某种抽象刺激的反应，无论是一个问题，还是现实生活中的一个完全脱离环境的例子，都可以作为一种指标，用来预测将来某个时候会发生什么；所有这些都取决于每个受访者预测未来的能力。

这种对顾客调查的"信念"的基础必定来自于两种不同的假设之一：第一，如果你问别人现在喜欢什么，他们会诚实地告诉你，而且这种喜欢在将来也会保持不变；第二，如果你问别人将来会做什么，他们也会诚实地告诉你，然后继续做他们说过他们会做的事情。

预测未来的愿望是可以理解的，它需要投入大量的时间、精力和金钱。20世纪80年代末，我在英国最大的金融服务机构之一的研究与规划部门工作。英国房地产市场的计量经济学模型是由一家全球领先的管理咨询公司支付一笔可观的费用而委托设计的。在对所有可用数据进行统计建模之后，我们得到了一个统计上准确的市场模型，用两条非常接近的直线的图表进行了说明；一条直线展示了实际平均房价，另一条直线展示了模型预测的房价。虽然这种模型的技术基础是从历史的角度解释数据的变化，但其吸引力在于它预测未来将发生什么的能力，而这正是模型出现时人们关注的焦点。不幸的是，几周之内，股市崩盘，房价开始大幅下跌；4 年之内，房地产的平均价格下降了一半（按实际价值计算下降了 35%）。这个模型没有预测到这次事故，也无法解释这样的事故。

对顾客调查预测未来能力的信心也是合理的吗？顾客能可靠地告诉我们，他们将来会做什么吗？

未来是未知的

在第一章中，我解释了我们的行为是如何经常潜意识地被驱使的，以及我们没有直接接触到强烈影响我们行为的心理过程。毫无疑问，如果我们无法在事件"实时"发生时了解这些过程，那就无法预测我们将来会在这些过程的影响下如何行事。

当你让人们去想象，如果发生了什么不可思议或可怕的事情，他们会有什么感觉时，他们总是会夸大自己的反应。很多人都很想中彩票，相信自己会从容应对突然发生的财富转变。然而，有惊人数量的大赢家在购买彩票时持有这样的观点：当他们收到数百万英镑的支票后，他们的生活并不快乐，有时甚至更加困难。我认识这么一个人，他继承了一家成功的制造企业和一大笔钱。虽然他有钱可以随心所欲地度假，可以开自己梦寐以求的车，还可以买一套漂亮的房子，但他在经营企业时却承受着巨大的压力，因为他不具备经营之才。随之而来的是应该如何对财富进行最好的投资的进一步焦虑。当他的投资表现不佳时，他知道自己因此损失了一大笔钱，这使他更加痛苦。他没有预料到这些问题，而且似乎他新获得的财富所提供的所有好处都被他觉得难以处理的事情抵消了。

社会心理学家进行的调查支持了这一观点，即我们能够准确地预测未来。我们似乎对积极事件和消极事件有一种缓和的心理机制。当人们追求幸福的时候，幸福一旦得到，它的价值就会下降；当悲伤发生时，它往往不会像人们预期的那样持续很长时间。[4] 随着时间的推移，无论发生什么，人们都会回到他们个人的基本满意水平。帮助我们克服悲伤的干预机制，同样也会让快乐的事情黯然失色。当意想不到的事情发生时，人们会努力去理解这些事件，这样一来，新奇的影响就会变得越来越熟悉，越来越标准。通过这种方式，第一起车祸死亡事故的震惊感，有助于改善护理人员的经验，而不是让后续经验的影响在情感上变得复杂。

这样的过程是不可预测的，也无法有意识地应用。我敢肯定，我们中的大多数人都更愿意将彩票中奖或我们最喜欢的运动队的胜利的喜悦之情保持更长时间。从某种意义上说，2008 年欧洲杯在英格兰队缺席的情况下举行，我本应该比当时失望得多。然而，并不是每一场比赛都在提醒我错过了什么，我能够享受没有压力的感觉，因为每一场比赛都不会涉及我自己的祖国。在比赛开始之前，我认为自己不会对它感兴趣；有媒体问我支持哪个队，这是在提醒我，我支持的球队不会参加比赛！然而，当荷兰队在第一场小组赛中击败意大利队时，我发现，荷兰队颇具吸引力，加之我与荷兰朋友的情分，以及两国具有积极历史意义的关系，这些因素结合在一起，我开始为他们拍手叫好。我从来没有想到会发生这样的事情，但我很快就发现自己在日记中留出了同样的空间来观看荷兰人的比赛，如果英格兰参加的话，我也会做同样的事。

再一次，研究表明我的经历是正常的。人们参加了一项实验，在实验中，他们从性格测试中得到了不好的反馈，他们预测自己的负面反应会比实际持续的时间长得多，这种现象被称为持久偏误（durability bias）。[5] 蒂莫西·威尔逊的研究还发现，美国大学橄榄球迷认为，一场比赛的结果会在两三天内影响他们的幸福感，但在接下来的日子里，他们又恢复了正常情绪水平。[6]

有人可能会说，人们能够准确地说出自己的感情方向：他们知道自己感觉好或坏，他们只是高估了好坏的程度。当使用调查来衡量顾客对产品的感受时，比如，当新产品问世，使用新产品时，感情的力量将决定人们的行为。对产品的感觉需要足够强烈，才能改变购买产品所需的行为。但人们没有意识到这一需求，因此，他们用来预测自己未来感觉的机制并不准确。

全方位考虑

想象一下，有人给你一支枪，让你射击一只高尔夫球，你知道它离你大约有 200 码远，但你不知道它在哪里。你有一把威力强大的步枪，还有同样强大的望远瞄准镜，所以，一旦你找到了球，射击起来就很简单了。使用望远瞄准镜的问题是，它很擅长给你正在看的东西拍特写图像，却非常不善于（实际上毫无希望）把这个图像放到它的背景中。当你发现一个白色的小球时，你的望远瞄准镜会将它放大成一个实用大小的物体，但是，若要定位这个物体，要么用肉眼观察眼前的一切（几乎不可能），要么来回扫视放大后的图像，每次只看一个方圆 1 平方英尺的"图片"。这一定是沮丧的高尔夫球手大发雷霆的原因，他们用这种方式发泄对任性击球的挫折感，即便在美国也一样。

利用市场调查来探索未来，也面临着一个类似的问题，即聚焦性（focalism）。在考虑未来的时候，人们通常没有考虑到他们生活中正在发生的每一件事，而是过于关注正在考虑的问题。他们过多地考虑事情是如何发生的，而很少考虑事情是如何没有发生以及为什么没有发生。[7]造成这种偏误的不仅仅是小组座谈的"聚焦"，几乎每一种形式的顾客调查都试图引导顾客通过一个过程，让他们分析购买决策的要素，集中在顾客问题的不同方面。在某种程度上，这是一个过程的副产品，该过程试图使通常大部分或部分不合理的东西合理化，但它也是调查过程的结构方式的结果。获取受访者的信息可能很耗时，因此，无论是访谈的深度、讨论的持续时间，还是被问及的问题数量，都要谨慎地向他们榨取信息。公司必须做出的决定通常是复杂的，涉及多个部门和外部机构的责任的许多因素；制造商想知道他们的产品是否受欢迎，营销提议是否会受到好评，融资价格是否足够，等等。每一个问题都有许多附属问题：产品的每个元素是如何接收的？它的功能如何？能做得更好吗？无论受访者对产品的实际参与是多么短暂和肤浅，每个受访者都不得不考虑委托调查的公司必须考虑的方方面面。人们越是关注某件事（或者因为他们参与的调查过程而不得不关注某件事），他们就越有可能忽视当问题实际发生的时候会对这个问题产生影响的因素。

好奇心的时效

上个星期，我带孩子们去了当地的动物园。我们在咖啡馆停下来吃午饭，孩子们的食物装在了一个以动物为主题的纸饭盒里，里面还有一个便宜的动物玩具。由于不同的饭盒里摆着不同的小玩具，孩子们之间有一点点小嫉妒，于是，我去收银台与善良的收银员小姐进行了协商，最后，我的两个孩子都得到了一条 6 英寸长的橡皮蛇玩具。尽管它的货币价值只有几便士，但在一个 6 岁孩子和一个 3 岁孩子看来，这是世界上最受欢迎的赠品。20 分钟以后，我们得知，其中一条橡皮蛇在一个足球场大小的操场上丢失了，我知道，无论我怎么劝女儿，这个小赠品不值钱、质量低、设计不正宗，她都不会满意。我要做的要么是开始调查取证，要么是再买一份没人想要的午餐，希望饭盒里还有一条橡皮蛇，可以用来交换盒子里的任何玩具。这次经历更加令人沮丧（直到我偶然发现了那条橡皮蛇），因为我知道这种新奇感很快就会消失。7 天后，我可以告诉孩子们，我没有找到橡皮蛇；那时，孩子们也不知道橡皮蛇在哪里，却没有兴趣去寻找了。

一个人在儿童身上观察到的特质，往往是或多或少我们都有的特质的放大版，这是常有的事。当我们第一次看到某样东西时，它就会有一种新的吸引力，这种吸引力会随着时间的推移逐渐消失。如果我们不被新事物所吸引，就不会像现在这样具有非凡的创造力和进取精神，也不会成为如此成功的物种。

可以缓和我们对新奇事物偏好的因素之一，就是我们对风险的厌恶。然而，当被要求为调查的目的而评估某物时，并没有风险。由于选择了新选项，因此没有可以购买的东西，没有可以花的钱，也没有可以拒绝的选择。

打破常规

人类是有习惯的生物。也许是由于轨道行星上生命的自然循环，几天，几个季节，几年，再加上对食物和睡眠的半固定的生理需求，我们的生命被划分成几个小时。我们的生活变得习以为常，在不久的将来，大多数人都能以合理的准确性预测他们将在哪里，以及大体上他们将做什么。

当我们做出新的决定时——真正有结果的决策，而不是顾客调查所要求的决定——我们会经历焦虑。以后的事实会证明这是一个好决定吗？我们的潜意识在让我们意识到我们正在考虑的任何事情的潜在风险方面发挥着作用。一旦做出了新的决定，并不断重复，并且没有什么坏事因此降临到我们头上，我们就会对自己的选择产生信心。例如，当我住在伦敦北部时，不得不把车停在路上过夜。当我居住的道路没有明显的（方便的）选择空间时，我可以选择自己的备选道路。当我第一次选择一条陌生的道路时，我对风险感到焦虑。汽车会完好无损吗？那些外观略显粗糙的建筑，会不会容纳那些想在外面美美地玩一晚上并故意破坏我的车的人呢？第二天早上，当我发现车完好无损时，我对自己的选择有了更好的感觉。我的车经历了没有惨遭破坏的每一个夜晚，因此，我对自己选择停车的地方的信心增强了。很快我就不用考虑，如果我自己的路上满是车辆，我的车该停在哪里；第二条路很好。结果是，有一天我可以把车停在自己的路上，当我从火车站走着回家的时候，我看到有人走到我的车前，把车子的后视镜撞掉了。

我们真正的选择（而不是我们认为当我们被问到的时候我们会选择什么）与最容易的事情有很大关系，这通常只是我们以前做过的事情。这是广告如何改变我们购买什么的方式之一：通过不断地在广告中看到某个产品，它就会在不知不觉中变得熟悉起来，相应地，我们就会更加喜欢它。只有潜意识才会注意到这个广告；研究表明，有意识地意识到自己接触了某种东西，并不是这种心理流畅的偏误发生的先决条件。[8]我怀疑，潜意识会被误导，认为它在一些场合遇到过而没有造成伤害的东西是"安全的"。当我们的祖先第一次遇到新事物时，这种潜意识地接受熟悉事物的机制是有意义的："如果我靠近那个毛茸茸的白色东西（羊），它会攻击我吗？"经过几次接触，它被认为是安全的，没有必要把所有的精力浪费在蹑手蹑脚地从羊群身边走过；潜意识和有意识的注意力可以转移到别处。

在一项研究中，宋（Song）和施瓦兹（Schwarz）测试了参与者对不同字体的反应，方法是给他们提供烹饪指导，或者用容易读或难读懂的字体做练习。他们发现，当字体比较难读的时候，人们会认为同样的行为需要更长的时间，更困难，需要更强的技巧。我们总是专注于做最简单的事情，甚至一种字体都能塑造我们的反应。[9]

关于心理流畅，还有一个很有趣的原则。当一个东西受到一个相关的单词或图像启发时，这个东西就会变得更可爱。在实验中，当人们看到"钥匙"或"锁"这个字眼时，他们更喜欢锁后面的图片，而那些受到"雪"这个毫不相干的字眼启发的人却不然。[10]貌似当我们看到一件东西时，大脑会以防万一而打开通往其他相关物品的通道，当这个东西出现时，我们更容易接近它，这被解释为我们更喜欢它。

但它并不仅仅需要两个物体之间的直接联系，就能诱使我们的大脑喜欢简单的东西或心理流畅的东西。拉布罗（Labroo）、达尔（Dhar）和施瓦兹发现，酒标上的一个非常熟悉但又没有关联的图像，例如青蛙，与没有独特和熟悉图像的标签相比，人们对产品的喜爱程度有所提高。[11]

几年前，我应邀去一家销售额不断下滑的公司去探索对其品牌和食品的认知。在调查过程中，我给了受访者一种可以品尝的产品，但没有告诉他们任何相关信息。他们的反应是非常积极的，一致的意见是，该公司将从推出这一产品中获益匪浅，所以几乎所有我采访过的人都打算买它。虽然这款产品已经上市一年多了，包装设计有明显的差异化，但是，我当年采访的品牌用户已经从货架上选择他们平常用的产品，而完全无视新产品的存在。

这种对熟悉事物的偏好在多大程度上可以延伸，是相当惊人的。一项对股票表现的分析发现，据预测，无论是在人工实验室模拟中还是在真实的股票市场中，名字（股票代码）更容易识别的股票会表现得更好，而且实际上确实如此！ [12]

这种对已知事物的喜爱的另一个维度来自这个奇怪的发现：人们更有可能生活在一个城镇或有一份与他们的名字有联系的工作，或者听起来相似，或者以同一个字母开头。[13] 美国调查者佩勒姆（Pelham）、米伦伯格（Mirenberg）和琼斯（Jones）将这种非理性的结果归因于我们的"内隐自大"（implicit egotism）能力，即我们对与自己相关的事物的偏好。最终，在真实的顾客情境中（与调查情境相反），人们会被熟悉的、最容易在脑海中处理的东西所吸引，而不是迎合新的东西。

将市场调查作为预测工具的尝试是出了名的不可靠，但这种做法仍在继续。有时，这种情况的发生是因为公司在工作奏效的基础上加强了业务。例如，对庞蒂亚克·阿兹泰克（Pontiac Aztek）的调查并没有突出这款车缺乏吸引力。相反，克莱斯勒对"PT 漫步者"的市场调查导致了对销量的戏剧性低估。在其他情况下，调查仍在继续使用，因为接受备选方案是不方便的。民意调查为政客和媒体提供了充足的辩论理由，但如果他们认为与选举结果的真实数据（这是在民意调查影响了他们试图预测的结果之后）相比，自己的预测完全没可能准确，他们就不会重视这些问题。

展望未来

在调查中探索新事物的时候，它的吸引力可能会因为调查过程的聚焦性和没有风险的新颖性而增强，或者，正如红牛公司所阐明的那样，它缺乏最终会使其具有吸引力的社会背景。未来学风格的调查也没有考虑到现实世界中所面临的心理流畅挑战，在现实世界中，我们通常所看到的和所做的都是熟悉的事物，导致新产品要么被完全忽略，要么被拒绝。正如第一章所展示的那样，我们是自己过去行为的糟糕见证，因为我们无法进入驱动它的潜意识过程，所以当我们试图预测我们的未来时也是如此。同样值得注意的是，我所描述的问题在测试一些新事物时可能会变得更加复杂。这样的练习成了隐式比较，必然会被认为是"最佳练习"。那么，如果这样，我们能做些什么呢？

了解顾客现在的情况，了解他们过去的变化，这是很有价值的方法。当然，鉴于到目前为止我所讨论的内容，我并不是提倡自我报告和自我分析式的市场调查来了解这些问题。这个挑战在于观察和解释顾客的行为，并将其置于适当的历史背景中。从这个意义上说，推出一款新产品就像给别人买礼物一样。你越了解这个人，你就越知道他们过去的反应，你就越有可能买到他们真正喜欢的东西，但你总是有可能错过目标。

在展望未来时，重要的是将真正关注未来反应的调查阶段与那些衡量当前行为的调查阶段分开。讨论顾客当前做什么，然后介绍你的"解决方案"，这样可能会更方便，但这样的过程会导致不准确的结果。根据问题的性质和调查的风格，这可能会导致以下两个问题。第一，冒险构造问题。有人提出一个有逻辑意识的解决方案，但没有人认为这是一个好主意；第二，强化目前的行为。鼓励人们构建有意识的理由，然后为其提供一个备选方案，但要求他们贬低自己刚刚构建的理由！

未来研究的问题是："如果我们明天向顾客提供现有产品的替代版本，顾客会喜欢吗？"它放置在离现实世界越近的地方越好。这可能要经过大规模的试验，但至少需要重塑顾客真正的购买心态，并尽可能提供更多的背景信息，以反映现实中潜意识处理的相互竞争的选择。当然，测试越人为，它在整个决策过程中的重要性就越小。

当未来研究是关于真正创新的问题时，我们必须接受这样一个事实：顾客无法做出比我们更好的预测，仅仅因为他们可能会购买相关产品。正如未来派作家、《未来智慧》（*Futurewise*）一书作者帕特里克·迪克森（Patrick Dixon）在对手机网络 MTN 的领导团队发表演讲时所解释的那样，他以他的母亲为例：

于是，我们接近顾客，并倾听他们的意见。但并非全部相信他们的话。以我母亲为例，我们为她的生活建立了一个形象，然后，使用技术愿景，我们建立了一个我母亲可能生活在其中的场景，在那里，我们试着想象她会如何表现。[14]

当一项计划涉及真正的新事物时，我们面临的挑战就是估计产品本身和营销如何影响人们对它的感觉，从而预测我们自己的未来，这将会影响消费环境。因此，关键问题不在于能够设计出什么样的调查技术，而在于一个组织如何能够提高自身的能力，以便能够快速高效地测试这些创新，尊重它们可能不会成功的事实，将它们推出市场，而当创业努力基本失败时，可以接受经济上的痛苦和学习的机会。

第九章

—

重新认识顾客：
如何在竞争对手面前赢得优势

在过去的 50 年里，市场调查真的成了对商业无益的干扰。潜在的想法是，只要以正确的方式向对的人提出对的问题，每次做出决定时都能做出完美的判断。在这段时间里，调查过程中提出的许多倡议都取得了成功，尽管我经常怀疑，这不是调查者认为的原因。这样的"成功"已经足以证明这样的猜想是正确的：人们通常知道自己在想什么，他们为什么要这样想；我们大多数人宁愿相信的一个想法是真实的。

市场调查是一项相对较新的发明。在有人想到，你可以直接问他们想什么、想要什么、说什么就做什么之前，你需要另外一个过程。早在 20 世纪 20 年代，克劳德·霍普金斯（Claude Hopkins）就写过《科学广告》一文。他在文中解释说，若要发展广告方面的专业知识，就应该学习这些原理，并通过反复的测试来证明它们，用一种方法与另一种方法进行比较，并研究对比结果：

一个广告与另一个比较，一个方法与另一个方法比较。比较标题、设置、大小、参数和图片。在一些邮购广告中，降低搜索结果的成本哪怕是百分之一也意义重大。人们必须知道什么是最好的。

在不可能直接返回的线路中，我们将一个城镇与另一个城镇进行比较。许多方法可以用这种方式来比较，用销售成本来衡量。[1]

正如这篇文章的书名所暗示的那样，霍普金斯相信一种科学的方法。但他这么做是因为这让他有资格提出客户认为荒谬的建议，并证明他的创造力、对人们的理解以及对广告益处的信念是合理的。当他收到一个叫棕榄牌的劣质肥皂品牌时，他回忆起自己学习《圣经》的日子，橄榄油曾被富人用作美容产品。他的客户认为他的广告——描绘埃及艳后克利奥帕特拉的皮肤被涂上了油的广告——很奇怪，但他测试了这个广告，并取得了成功。由此霍普金斯发明了美容广告。

对于这个过程，我们可以补充的是对人类心理学的理解。这种理解是不断发展的，但重要的是，要认识到人本身或多或少是一个常量，而改变的是环境。就像霍普金斯所说：

人性是永恒的。在许多方面，今天的情况与恺撒时代的情况相同。所以，心理学的原理是固定的和持久的。

最终，决定成功的不是组织如何彻底地调查自己的客户，而是如何敏锐地理解对自己当前正在做的事情的反应，以及如何快捷地评估和实施备选方案。阿维斯出租汽车公司（Avis Rent a Car）"再接再厉"（We Try Harder）活动的经典案例就是一个例子，它囊括了调查困境的所有要素。这场活动承认了公司在市场中处于第二的位置，小组座谈的人讨厌它。但是，机构负责人比尔·伯恩巴赫（Bill Bernbach）的信心和首席执行官罗伯特·汤森德（Robert Townshend）的意愿，使该公司第一次挑战了赫兹租车公司（Hertz）的头号位置。两年后，阿维斯公司放弃了这项活动，因为人们虽然尝试了阿维斯，但并不总是喜欢其中的体验。赫兹公司发起反击，开展了一项活动，告诉客户，它才是第一名，这是有原因的（这个信息展示了强大的社会认同感）。正如一位评论员所说，"人们不在乎阿维斯公司有多努力，他们只在乎阿维斯公司有多高效。"尽管这句口号在某种程度上成了一种文化上的轰动，但这并没有起到什么作用，喜剧演员们开始注意到这一宣传活动，并把有关"第二名"的笑话与阿维斯公司联系在一起。

因此，在短短一段时间内，两家公司的市场份额发生了多达10个百分点的变化，这场调查无法预测人们在现实中对这场活动的反应；这项活动不会因为竞争对手的反应而最终失败；当人们对公司的客户服务工作如此敏感之后，当运营失误发生时，也不会对客户的感知产生更大的影响。每个人都是对的，每个人又都是错的。

AFECT 标准：你对顾客洞察的信心有多大

我写这本书的原因之一是，顾客调查触及并影响了许多商界人士。无论是小公司职员还是大企业员工在听取调查报告时收集的非正式反馈，你都可能很难将你所听到的不正确的感觉与一个明显出于善意的市场调查者以一种成熟而专业的方式从你自以为的顾客那里收集信息的事实相协调。希望我能解释双方组织之间的不一致。

然而，对安全感的渴望是如此的强烈，毫无疑问，本书的读者仍然会发现，他们或他们的组织仍然希望在不可能进行试验的决策中，有一些东西能够减轻风险和责任感。你应该有多自信，相信你听到的调查报告是你应该铭记在心并付诸行动的东西？你什么时候应该表明你的观点，即你认为备选的行动方案比调查机构推荐的方案更可取？

传统上，对调查结果的信心问题一直是统计学领域的问题。正如我在介绍中所说，我对统计方法没有异议；在我看来，它们是纯粹的概念，和基本的算术一样有效。当然，它们也容易被滥用。正如语言可以有选择地使用，这样真理就不会被说出来，而谎言也不会被说出来一样，统计方法的选择性应用也充满了误导的可能性。但在顾客调查中，最根本的问题实际上与这样一种可能性无关，即如果调查是重复的，那么，大多数情况下得到的答案都是相同的，每一种方法都有几个百分点的误差。真正的问题是，这个过程是否有机会从一开始就获取可靠的信息。因此，"我们问了多少人？"这句老掉牙的问话并不是特别相关；至少，它应该是质疑数据的最后一个基础，而不是第一个（也是唯一的）基础。

所以，当你在听取调查报告的过程中感到沮丧的时候，你该如何判断是因为你的先入为主的观念被顾客合理地混淆了，还是因为调查过程存在缺陷呢？是你还是调查者不擅长自己的工作呢？

幸运的是，如果你评估所提供的"洞察"背后的调查过程的五个方面，就可以衡量自己应该对结论有多大的信心。仔细考虑 AFECT 标准将会显示你对调查结果有多自信。

1．A：行为数据分析（Analysis of behavioral data）

首先，也是最重要的，要考虑的问题是，要求你相信的是对顾客行为的分析吗？是关于顾客做了什么（或已经做了什么）的信息，还是顾客对自己的看法呢？这本书的第一章、第三章、第四章和第七章举了大量案例来说明原因，如果是后者，你有强烈的理由怀疑。

正如我所希望的那样，销售数据和行为观察应该会激发最大的信心。在不可能收集到这些数据的地方，确保调查源自于行为焦点，而不是源于唤起有意识的态度和感情以提供识别潜意识联想和情绪的最佳前景。调查访谈过程中通常需要的有意识的自省选择是最好避免的。即使项目的性质要求调查过程着眼于未来，但我认为，唯一可靠的见解将来自于对当前顾客行为的分析。如果能认识到许多营销项目所要求的未来学与顾客调查过程脱节，这至少会更诚实，同时也为我们提供了从错误中吸取教训的机会。

2．F：心态（Frame of mind）

当顾客通过观察相关的零售环境来秘密收集证据时，他们的心态问题就会迎刃而解了。然而，当调查从顾客环境中公开或远程进行时，更有可能发生的是，受访者的心态会与真实的心态不一致，而不是碰巧与真实的心态一致。

如果调查是在不考虑顾客与产品、服务或交流互动时的行为方式的情况下进行的，那么，它就不应该比通过采访不相关的目标受众获得的信心更大。当有证据表明，这项调查鼓励了一种人为的心态，例如，创造一种通常是潜意识和有趣的体验，或有意识和分析性的体验，抑或是一种焦虑的、平静的、深思熟虑的体验。如果它提出了关于错误主题的问题，那就不值得更大的信任！

3．E：环境（Environment）

另一个需要考虑的问题是调查的环境。如果无法获得行为数据，至少在适当的顾客环境中进行的调查将会产生语境影响。同样重要的是，它不会产生完全不同的环境影响，这是由于在别处进行的调查而造成的。

就产品而言，是否包括价格、包装和竞争产品？通常可以在调查主题周围获得的无关产品是否已经出现？这项调查越是成为审查整个顾客体验的一个方面的过程，就越不可能反映现实和真实的顾客反应。

4．C：秘密研究（Covert study）

无论信息、行为或其他的基础是什么，重要的是，要考虑到调查的焦点对相关的顾客来说有多明显。在调查主题明显的地方，它会显著增加对所获得的反应的影响。让受访者关注调查主题，就会产生一种高度的自我意识，可能改变人们的行为方式。

虽然在其他选择中隐藏调查的具体目标是有益的，例如，测试来自不同品牌的备选包装设计，但最好完全隐藏调查的性质，将其宣传为完全与其他东西有关。例如，你可以邀请人们参加关于报纸的一般性讨论，同时测试人们对饮料新包装的反应，方法是选择可用的产品，第二天邀请他们回来，看看他们是否选择了相同的产品，如果是的话，看看他们选择的速度有多快。

5．T：时间框架（Timeframe）

人们很容易相信，详细的、深刻的、经过深思熟虑的反应比简短的反应更可靠，但是将在几秒钟内发生的顾客体验转变为90分钟讨论或10分钟问答的过程不会说服你。相反，只要你相信潜意识参与了进来，快速反应（也就是说，在一秒钟左右发生的反应）就会可靠得多。顾客的现实应该决定调查过程，而不是需要多少理由。

AFECT 标准提供了一种方法来衡量顾客调查结果在多大程度上是调查过程的人为副产品或顾客现实的准确反映。在考虑调查投资是否有益时，AFECT 是一个很好的工具。

我刚刚完成了一个项目，即测试新的店内沟通和价格牌。我的客户对各种各样的产品如何让顾客的生活更轻松有了新的了解，并且很想知道他们在多大程度上帮助人们选择了适合的产品。许多公司会对与客户的沟通进行深度访谈或小组座谈，并让目标顾客讨论信息的有用程度；这种方法甚至可以提供备选方案的测试。让我们暂时假设使用了这种方法。这项调查的可靠性如何？

A. 这是行为数据分析吗？不是。

F. 顾客有一种现实心态吗？让顾客进入一种现实的心态是可能的，但这种类型的研究大多通过提问交流的性质和主持人的风格来寻求批判性（父母式自我状态）或平衡（成人式自我状态）的理性思维。

E. 环境（或背景）有多真实？重新创建商店环境将非常困难（而且昂贵）。

C. 这项调查的焦点是隐蔽的吗？不，是公开的。

T. 反应耗费的时间框架与顾客通常使用的时间框架相匹配吗？几乎可以肯定不是。访谈的时长要比阅读信号所花的时间长得多，但我们可以记录下最初的反应，并用它来衡量沟通的影响力（剩下的访谈时间会用来做什么）。

我建议这样的方法应该激发非常低水平的"心理自信"。顾客会人为地参与到沟通中来，他们处理信息的方式也会有很大的风险。尤其是，正如你们将在稍后看到的那样，这种方法完全忽略了最关键的部分。

我的客户没有进行人工调查，而是选择进行现场试验，并请我帮助评估新的交流方式的影响。在我观察顾客的那一天里，很明显，在商店里购物的人对这种新的沟通方式只看了不到一秒钟，远远没有足够长的时间来有意识地处理他们眼睛浏览的内容。我推断他们是在潜意识地过滤掉那里的东西，认为它无关紧要，因此没有机会帮助他们选择产品。为了证实这一点，我拦截了一些客户，让他们背对着显示器，问他们沟通的内容是什么。有些人猜错了（暗示他们的潜意识可能希望看到什么），有些人什么都想不起来，有些人完全没有意识到这个信号。我可以完全肯定地告诉我的客户，按照原计划进行沟通是没有意义的，我还根据客户在猜测时无意中透露的信息，提供一些线索，说明哪些方法可能更好。

A. 这是行为数据分析吗？是的。

F. 顾客有一种现实心态吗？是的，每个客户的心态都纯粹是自己经验的副产品。

E. 环境有多真实？环境是完全真实的。

C. 这项调查的焦点是隐蔽的吗？是的。

T. 反应耗费的时间框架与顾客通常使用的时间框架相匹配吗？是的，它是由顾客自己决定的（以1/10秒为单位）。

我的客户对我报告的准确性有十足的信心。尽管测试中只使用了一家商店，但结果非常清楚，任何销售变化都可以自信地归因于外部因素。

为了进一步说明这个定性量表，比较顾客调查的各种假设例子的表现如何，这是很有趣的事。在一个极端情况下，考虑一种新包装设计的现场试验。在一个适当的典型零售店生产和储存一小批样品包，通过销售和对顾客购买产品的隐蔽行为观察来衡量成功与否（花时间考虑新包装是否被触摸过，等等），可能还会辅以退场面谈，以确认或澄清观察到的情况，并确定哪些有影响，哪些没有影响。

A. 它是对行为数据的分析吗？是的。

F. 顾客会有一种正确心态吗？每个顾客的心态纯粹是自己的经验的副产品，无论是在与商店、设备和产品互动之前还是互动期间。

E. 环境有多真实？唯一改变的元素是正在测试的新包装的替换。

C. 这项调查的焦点是隐蔽吗？是的。

T. 反应耗费的时间框架与顾客通常使用的时间框架相匹配吗？是的。顾客在没有意识到他们参与了任何形式的调查过程的情况下，就决定了他们在设备上花了多长时间。

考虑到调查过程与顾客体验无关，人们可以对新包装在整个市场上的潜在表现感到非常有信心。如果该包装表现不佳（与同一商店中现有包装之前的直接销售和在测试期间销售原始包装的单独控制商店相反），那将会有证据表明，这是否因为它是从行为观察中被选择和被拒绝的，从随后的访谈中了解这是有意识的还是潜意识的，如果是有意识的，原因是什么。当然，顾客不会提供重新设计的概要，但是，除非他们提供了原始设计的概要，否则，发生了什么，突然把他们变成了专家呢？

或者，制造商决定通过网络调查征求顾客意见。一家在线调查公司向数千名已经注册的用户发送电子邮件，邀请他们完成一项简短的调查问卷，作为交换条件，这些用户可以获得几千英镑的奖金或抽奖机会。参与者坐在电脑前，回答一系列关于他们如何购买机油的问题，接着，电脑屏幕上会出现一些包装设计，让他们打分，并写出产品定位的 500 字总结，然后再陈述他们对产品的态度。

A. 这是行为数据分析吗？不是。

F. 顾客会有一种正确心态吗？可能不会。受访者可能是坐在电脑前，可能是在家里，可能是在晚上，也可能是在与互联网相关的休闲活动中。他们不参加调查，因为他们需要机油。这种体验是一种高度自觉的体验，在电脑上回答问题的方式与考试的共同点远远超过了购买体验。

E.环境有多真实？除非大部分的销售都是在网上进行的，即使是在网上，除非产品是在详细的问答环节之后购买的，否则，人们不得不说，这种环境与实际做出购买决定的零售环境没有相似之处。

C.这项调查的焦点是隐蔽的吗？不，是公开的。从一开始，受访者就被告知，他们正在参加一项关于机油的问卷调查。问卷调查的性质使他们不可能对正在进行的调查抱有任何幻想。

T.反应耗费的时间框架与顾客通常使用的时间框架相匹配吗？不。受访者正在阅读陈述和摘要，他们对包装设计的反应是有关购买机油的问题长期积累的结果。

虽然这项互联网调查将以相对低廉的成本产生大量数据，但我们没有理由相信，这些数据能够反映出顾客在真实接触产品时的反应方式。由于这6个条件都没有得到满足，顾客很有可能会表现出他们愿意相信自己的决定，以及他们认为是什么让一款产品具有吸引力，但是没有办法知道有多少有意识的发明已经产生。相反，考虑到心态的转变和问题的性质，有相当多的理由完全忽略了这些结果。

另一种方法是，假设制造商无法获得零售商的合作，或者不准备投资生产有限数量的新包装，并且希望在进一步开发一种设计之前获得顾客的视角。在观察顾客以确定机油顾客的典型行为和心态之后，还要招募购买机油的人进行个人访谈（尽管该产品混在了许多其他产品当中）。创建展示模板（虚拟的或物理的）以尽可能多地在视觉上模拟商店，并在其中替换新的设计。引导每个受访者进入适当的心境，邀请他们从模拟展示中购买一些产品，包括机油，并告知他们将要支付自己购买的产品，在调查过程结束时他们将会收到这些产品。分析他们的行为、他们提出的任何问题，以及他们做出的选择。随后，在退还他们的钱之前，让他们确认或澄清自己所做的选择。

A. 这是行为数据分析吗？部分是。他们观察并模拟了人们的行为，而不是征求人们的态度或意见。

F. 顾客有一种现实心态吗？是的。通过观察来识别顾客的心态，并在模拟购物体验中重新建立这种心态。

E. 环境有多真实？这是一项模拟研究。有些背景信息是可用的，但是环境不同。

C. 这项调查的重点是隐蔽的吗？大部分是隐蔽的。没有找到感兴趣的产品，和其他产品混在一起了。

T. 反应耗费的时间框架与顾客通常使用的时间框架相匹配吗？是的。受访者正在做出购买决定，而不是回答一系列问题。

在这种情况下，这项调查满足了其中三个条件，部分满足了另外两个条件。虽然没有提供现场测试的保证，但它确实通过模拟购买考虑了潜意识的作用和背景要素的潜在影响。它囊括了价格信息，并要求受访者进行实际支付，还尽其所能地做出风险敏感的决策，就像现实中那样。同样要注意的是，它避免了对新产品进行人为的、有意识的分析，而是将其孤立起来，没有将其作为体验的公开焦点，也没有提出能够改变人们想法和方式的问题。最后一个检验，即这种学习是否与顾客和社会心理学家进行的实验一致，可以用来评估从顾客那里获得的信息是可靠的可能性。它是与了解潜意识如何驱动反应相一致，还是与研究人们如何受到影响相一致？如果答案是肯定的，那么，这项调查至少与别处独立发现的行为特征相吻合。

真实的洞见

你们可能会感到惊讶，我不认为传统的"问别人想要什么，并倾听他们的回答"的调查并不是完全徒劳。我的问题在于，无论是不是搞两面派的调查，人们都依赖调查来为正在做出的决定提供一种最终不合理的安全感，或者，更糟糕的是，告知并选择组织的策略。有时，在回答一个问题时，不可避免的是，某人说出一些能引发好主意、建设性改变或有价值行动的东西。但这里的关键字是"某人"。如果人类能够常规地进行如此精确的自省，那么，精神分析学家就可以被两行计算机程序所取代，这个程序可以询问病人，他们的问题是什么，并告诉他们做自己认为最好的事情。这种敏锐的观察或创新的火花，不是也不可能是有意识的访谈过程中可靠的结果，因此，询问更多的人的唯一好处就是遇到具备这种洞察力的人的机会增加了。当然，一个人的评论是否有价值是一个定性的判断；它的价值在于引发一种联想或强化决策者心中的偏见。

虽然在本质上，提一个问题是有问题的，但是，提几个问题会让提问过程更有可能影响所得到的答案，因此，大规模、长时间的市场调查的理由是极其可疑的。然而，这正是市场调查行业通常定义其报价的方式。

以这种方式来考虑，这种调查的方法和价值就会受到重视。真的有必要和很多人交谈吗？是否需要一个"训练有素"的主持人来提问呢？一份详细的关于每个受访者所说内容的报告可能有用吗？最重要的是，在这样的过程中应该花多少钱？无论是谁，只要能让自己置身于自己感兴趣的人群中，让潜意识刺激和有意识刺激，以及让他们处于决策地位的任何专业技能，去激发他们应该做什么的感觉，不是更好吗？

熟练的观察，尤其是对顾客心理的全面了解，可以给人们提供如何以及为何这样做，以及可能采取什么措施来影响他们的真知灼见。然而，打个比方，如果一个机修工能倾听你的汽车并诊断它的故障，而不是把整辆车拆成碎片来检查每一个零件，那么，他就是最有用的机修工，同理，这种服务的价值不在于其规模，而在于其发现问题并提供适当解决方案的能力。

赢得竞争优势

在未来，能够在竞争对手面前获得优势的公司，将是那些凭直觉或通过应用程序最好地理解顾客潜意识与意识思维之间复杂相互作用的公司。来自社会心理学和神经科学的理解，有助于解释为什么顾客会这样做，以及为什么在抽象背景中看似合乎逻辑或得到顾客认可的东西在现实中可能不会成功。

关于大脑如何工作的科学理解正在迅速发展，但要准确地读懂人们的思想或预测人们会选择做什么，我们还有很长的路要走。设计师们一直都知道，最好是创造一个有吸引力的零售空间来销售产品。理解诸如颜色、气味和纹理之类的外围元素是如何显著地改变人们对产品的看法，这有助于将一些科学知识引入这一过程。

随着人类大脑的联想本质和潜意识过滤作用的影响得到更好的理解，组织便有机会与顾客更加合拍，并更有效地向他们进行营销。从历史上看，市场营销处理的是顾客的"需求"，而当涉及顾客行为时，更重要的是如何管理潜意识的联想，克服潜意识的恐惧，避免令人不安的困惑。

潜意识错误归因的本质，即一件事物产生的感觉投射到了另一件事物上，就是事实上什么都不是。通过研究人们受影响的方式，我们很容易看出，成功通常是在没有任何有形的、可评估的利益的情况下取得的。几年前，我参与了必胜客一款新比萨的产品发布会。开发出来的概念是要生产一种配料更大的产品：肉片会更粗，蔬菜会切得更厚，更吸引人的红洋葱会取代白洋葱。概念产品制作完成，并呈现给一群高级经理和董事，每个人都认为最终的比萨看起来更可口。在接下来的几个星期里，产品开发团队开始寻找必要的原料，并确定产品的最终成本。

当该产品连同成本一起提交董事会审批时，首席执行官变得紧张起来。新的配料要贵得多，而且没有办法提高比萨的价格。产品小组的成员被派去看看他们能做些什么。在介绍并讨论改进后的低成本产品的一系列会议之后，最终，董事会对推出这款产品感到满意。不幸的是，在这一阶段，随着新品发布截止日期的迫近，这一进程开始时可能存在的那一点点客观性已经消失了，配料减少了很多，如果有人想把现有配方和新配方放在一起，他们会发现，若要找出尺寸的差异，你需要一把千分尺。

该公司的产品发布继续进行，并向全国发布了"新"产品。发布几天后，我们几个人被叫去与首席执行官召开一场危机会议。他轻易便忘记了自己参与了降低配料成本的行动，他要求知道：为什么餐厅经理们说新款比萨看上去与老比萨没有什么不同。

如果该公司以其标准的比较方式进行研究，很难想象它会得出这样的结论：成本管理的"新"比萨与当前的一样。在这种情况下，它几乎肯定不会发布该产品。然而，由于受到明星广告和促销活动的刺激，人们想买这款新比萨，新品上市很成功。该公司无意中对一项调查可能会拒绝的倡议进行了一次成功的现场试验。

开发具有成本效益又有意义的实时测试，应该比开发调查者的剪贴板或召集一个小组座谈要有益得多，而且它需要对影响顾客行为的微妙因素有所了解。社会心理学中许多最有趣的实验都采用了一种测试和控制的方法，在参与者不知道的情况下，改变一个变量，观察参与者的反应。通过这种方法，我们可以确定，例如，标志用语的简单变化，可以显著改变符合要求的人的比例，无论是遵守医生的预约还是重复使用酒店的浴巾，或者措辞得体的道歉，都比把钱放在顾客手里更能影响他们对失望的感受。[2]

全球最大的时尚零售商印第纺织（Inditex）[旗下拥有莎拉（Zara）、巴适卡（Bershka）和麦西姆杜特（Massimo Dutti）等品牌] 就成功地利用了实时数据的优势。该公司仔细监控新系列的销售情况，并从其门店获取主动反馈，以至于每一季都有大约一半的服装系列在演变和调整。从本质上讲，公司的每一天都是在 73 个国家的 4000 多家门店里进行一次现场测试，公司时刻都在学习：不仅仅是卖什么衣服，还有哪些颜色、大小和形状受顾客欢迎。通过调整营销、设计和制造来响应和适应其捕捉到的反馈，成功的范围可以继续下去，推广更突出，还不断扩大，那些不奏效的产品可以迅速撤回和替换，而无须承担过多的库存负担。除了这种方法提供的无与伦比的反馈速度，它还让员工成为与顾客联系业务的专家，而不是将这种角色外包给市场调查机构。很容易理解为什么印第纺织集团的首席运营官相信，商店经理希望能够以这种方式做出贡献，并因此表现得更好。[3]

我们正处在一个理解顾客的激动人心的时刻。社会心理学、神经成像和大量秘密追踪购物者动向的技术的发展，为人们的购买行为和原因提供了新的见解。但是，技术也会诱使人们以牺牲准确性为代价，迅速收集顾客的意见，要么是因为它迎合了我们的虚荣观念，要么是因为它迎合了将便利性置于准确性之上的欲望。

最终，对于那些愿意在市场调查中摆脱对传统方法的依赖的组织来说，这个战利品是相当可观的。我们认识到，顾客不能很好地告诉我们，他们如何做或将要做什么，以及开发评估和测试的替代方法，于是，我们让顾客比现在更接近"企业的核心"。脱离迷信的好处是为自己的成功承担责任，并从失败中吸取教训。比如，你获得晋升，并不是因为"当前的行星能量在起作用"，而是因为你做得很好。同理，一款新产品值得推出，并不是因为顾客在小组座谈中认可它，而是因为有人看到了它的机会。

当然，如果调查被当作一根拐杖，给人一种风险最小化的感觉（哪怕这种感觉毫无根据），如果没有调查，继续前进可能会让人感觉不舒服。然而，正如我所解释的那样，这不是一个"孤注一掷"的问题；相反，这是一个重新评估哪些可以和哪些不可以被顾客验证的问题，并认识到他们"思想"的关键在于研究他们实际上在做什么，而不是当他们应邀去思考的时候说的话。

可以说，没有哪家公司比苹果公司更能说明这种方法的好处。苹果公司已经认识到两种元素之间的重要区别：一是与客户建立联系并相处的必要性；一是试图将这些人合并成具有代表性的数据的徒劳性。很少有人会怀疑苹果公司创造出真正能引起顾客共鸣的产品的能力，尽管正如史蒂夫·乔布斯（Steve Jobs）对《财富》（Fortune）杂志所言："我们不做市场调查。"这家公司雇用的员工和它想要销售的客户一样，他们开发自己感兴趣的产品和服务，然后带着他们对自己所创造的东西的热情和信心，把它们推向市场。[4]

后　记

现在为本书写一篇新的后记，以便回答读者朋友在阅读第一版之后提出的一些问题。

市场调查不仅要向人们提问，还包括许多其他的方法，这一点不容忽视。

我承认，"市场调查"这个词包含了非常广泛和多样化的方法，的确如此。其中，我最不满的方法就是要求人们解释自己的想法。然而，许多其他方法将受益于我在这里所提倡的对心理有效性的同等考虑。那些参加人类学研究的人，以及那些知道自己被监视的人，他们的行为会"正常"吗？他们可能会，也可能不会；错误在于假设他们会。甚至像眼球追踪这样的技术也涉及对"正常"顾客环境的重大改变。我并不是说这些方法不起作用，只是应该注意一下，检查行为结果需要与没有被告知要戴眼镜去购物的人群相同。

有些问题当然值得一提，难道你反对提问吗？

当然不反对。人们通常可以告诉你，他们正在做什么。他们甚至可以相当可靠地告诉你，他们当时的感受如何。提问现在的任何一方，只要稍等片刻，你就会得到相当准确的回答。然而，如果时间过得更久，事情就不那么可靠了。此外，由于被提及的问题的影响，以及通常不可避免的想提其他问题的欲望，你就会遇到先入为主、框定、聚焦等误区问题。

人们常常惊讶地发现，我仍然从事"提问"类的市场调查。区别在于，我的出发点是，人们不能参考决定他们行为的潜意识心理过程。我必须使用一些技巧，把受访者的注意力集中在他们的行为上，让我从可以找到的线索中解码他们行为背后的心理驱动因素。这样做并不完美，不能探索一切，也不能帮助预测未来，但可以解释为什么人们正在做他们要做的事情，如果你有兴趣改变这一点，那就是一个很好的起点。

当现场测试不实用时，问卷调查仍有其一席之地，但是，我们要比通常情况下更加谨慎地对待这些问题和结果。

我们也可以进行隐式测试：通过测量对精心设计的问题的反应速度，有可能识别出某人的潜意识（隐式）与刺激的联系。这有助于深刻理解顾客心理。

你说的内容和行为经济学有什么关系呢？

完美契合。行为经济学是经济学与心理学的结合体。心理学家可能对理解人们为什么会做某事更感兴趣，经济学家对预测他们会做什么更感兴趣，这两种科学都可以提出假设并检验它们。此外，我们可以在科学的基础上开展工作，并愿意在新证据的基础上改变其方法（市场调查并非总是如此）。

作为前沿经济学咨询公司的合伙人，我与经济学家们紧密合作，大量学术的行为经济学家也对本书的观点非常赞赏。

即便是来自调查问卷和小组座谈的数据，也值得拥有。信息越多，决策越好，难道你不同意这种说法吗？

目前，在询问人们想法的旧方法和新的行为洞察法之间，有一种几乎不言而喻的争战。在某种程度上，这是因为我们太过执着于这样一种想法：我们知道自己在想什么，也知道为什么我们认为顾客所说的一定是重要的和有价值的。

许多人建议用"三角论证法"（trigonometry argument）来解决这场争战：他们提出，数据越多越好，在做决定时，人们所说的是一些应该作为难题的一部分而考虑进去的东西。该理论认为，如果从各种来源获得的信息中寻求平衡，就会出现一个最佳图像或方向。三角论证法的缺陷是，如果你的某个数据点是伪造的，如此类推下去，结果就会使你偏离可以帮你找到答案的有效数据点。

行为经济学家罗伯特·梅特卡夫（Robert Metcalfe）博士巧妙地证明了这一点，他探讨了关于节能的不同信息对人类能源消耗的影响。最初的市场调查是通过询问人们的想法得出的结论，告诉人们把恒温器调低一度可以节省大约 50 英镑，就能达到预期的效果。然而，在进行实地实验时，人们会收到旨在减少能源消耗的不同信息中的一条，然后你可以追踪这些房主的电表读数，结果证明，接受信息的人们实际上消耗了更多的能量，而不是更少的能量。

这个实验，以及其他许多在适当的实验条件下进行的实验，导致的明显事实是：在任何给定的环境下，很难预测人们会做什么。问别人或我们自己什么貌似很合理，这并没什么好处，因为我们有意识的内省与驱动我们行为的过程没有联系。如果我们坚信一项倡议的影响，就需要进行良好的实验。

我们可以完全了解顾客的大脑模式吗？

神经科学尚处于起步阶段，要掌握大脑的复杂性，还有很长的路要走。然而，从心理学家和行为经济学家所做的许多实验中，我们可以更清楚地看到我们的思考模式。我认为，这提供了一个框架，极大地提高了正确理解现有顾客行为的可能性，以及以正确的方式实现变更的可能性。至少，它有助于确保在尝试理解当前顾客行为或探索未来可能改变其行为的因素时，会考虑到所有的可能性。

我们注意到了这个思维范畴的一端。我们所看到的、处理的和反应的都是我们潜意识中与"形象"联系的副产品——我们的潜意识对什么"感兴趣"？

它们做了什么来吸引我们的注意力？例如，如果不改变商店橱窗中陈列的任何产品，而是重新排列它们以产生视觉效果，就有可能大幅提高销售额，这仅仅是因为人们碰巧注意到了橱窗里的商品。

在这个思维范畴的另一端是内在驱动力，它可以提供采取行动的动力：这些因素包括对食物和温暖的基本生理需求，对地位和社会交往的心理需求，以及创造行为模式的习惯，这些行为模式意味着我们不需要考虑比绝对必要更多的东西。

介于两者之间，是背景因素之间复杂的相互作用，这些因素影响我们以特定方式感知事物，以及我们如何处理遇到的事情，以决定是否值得去烦恼。

我发现，正是通过演示和解释这些驱动我们行为的因素，相关组织才能认识到洞察顾客潜意识的重要性。

人们的思维方式并不像他们想象的那样吗？你如何克服这个悖论？

有些人会接受现有科学的有效性，并会发现这有助于解释他们所遇到的偏离标准的市场调查（记住，大多数市场调查的失败不会进入公共领域）。然而，不是每个人都有这样处理问题的头脑。我发现，让人们经历一次揭示他们工作中的潜意识的经历，可以帮助他们从不同的角度看待自己；因此人们更容易接受他们不能充分或准确解释别人做事的原因。

最近，我参加了一个工作室风格的会议，可以用来说明潜意识在工作中的作用。之后，一位公司主管说，我让他思考了那么多，他想要离开，去思考更多。这个要求可能表明，他还没有接受我一直倡导的顾客心理学观点，或者我讲了太多细节，让他不知所措，但我知道事实并非如此。在我演示了顾客的想法之后，我们进行了讨论。在讨论中，他经常引用我介绍给他的术语，并巧妙地将它们应用到我们讨论的一些商业挑战中。换句话说，当他想要思考我有意识地谈论的事情时，他的潜意识已经默认了这一点。

为什么不是每个人都适合行为洞察法呢？

我怀疑的原因有三点。最简单的一点是，很多人不知道什么是行为洞察法，也不知道如何运用它。

另一个潜在的障碍是，认识到传统市场调查技能的缺陷（如果你仍然相信它们有效，为什么要"冒险"改变呢？）。反过来，这又要求人们至少愿意承认自己容易出错。这种冲突（或认知失调）源于研究削弱市场调查的科学，而使用市场调查的历史最容易通过忘记科学来解决！

第三个障碍是一个实践障碍，与大多数公司的结构有关。市场调查技能通常位于一个独立的空间，远离组织的日常活动。正如你们现在已经收集到的那样，这种脱离环境背景的情况是得到的答案往往不可靠的原因之一。相反，适当的行为实验可能需要企业的不同部门协同工作以产生见解；一场简单的沟通测试可能需要设计和分发多封信件，并描述各种回应。一场复杂的沟通测试可能会对市场营销、运营、计算机系统、人力资源和物流功能产生影响。因此，组织发展成独立功能区域的方式可能会成为实现现场测试的障碍，而现场测试对行为洞察法很有价值。

行为洞察法不比传统的市场调查更昂贵吗？

在许多方面，不应该去试图比较这两种方法的成本，因为一种方法将展示人们实际上在做什么，而另一种方法将经常被证明是不可靠的。这有点像在暗示，顺势疗法（homeopathic consultation）会诊比化疗（chemotherapy）疗程便宜。也就是说，与市场调查和小组座谈相比，行为洞察法的花费要少得多。

利用沟通或营销技巧，在不知不觉中影响人们的潜意识，这样做道德吗？

具有讽刺意味的是，尽管许多人和组织只是刚刚开始考虑从传统的市场调查中走出来，并采用行为洞察法的潜在好处，但其他人却在问，它是否太过成功，以至于不符合道德标准。[1]行为洞察法的批评者似乎没有考虑到的是，所有的交流都具备影响力。每一条信息，无论多么枯燥和真实，大概都是为了引起人们的注意。找到一种与人接触的方法，让更多的人按照你的信息行事，并不一定意味着你在强迫他们采取他们不会采取的行动。可以说，错误的是相信一个人的行为将会建立在理性和客观的现实之上。

菲利普的购物经

我们生活在一个变幻莫测的时代，我们根本不知道正在发生的事情，我们的进化动力是通过我们购买的商品表现出来的。与此同时，零售商已经学会了如何以一种前所未有的方式与我们的潜意识进行沟通，从而影响我们去追求那些我们甚至不知道其存在的东西。我们可能没有意识到这种在不知不觉中引发的消费，但证据显而易见：房子里堆满了我们不用的东西，购物卡里欠了一大笔钱，厨房里堆满了我们几乎不用的烹饪原料，橱柜里装满了我们做梦也没想过要穿的各类衣服。

那么，该怪谁呢？我们被零售商利用了吗？我们是不是太天真、太容易受骗？

答案既有趣又复杂。打个比方：一个女人在寻找一个男性伴侣，希望自己看起来最好，这难道有错吗？她用化妆品让自己的肤色看起来更健康，五官更突出，这难道有错吗？在某种程度上，"顾客"可能会因为没有看穿这些肤浅的装饰而承担一些责任。

我们所了解到的是，我们的购物行为更多地取决于我们的进化方式和大脑的运作方式，而不是取决于我们需要什么。如果我们想控制自己的消费，就必须更好地理解自己的"购物心理"：为什么会这样？影响方式如何？我们能做什么来阻止不必要的商品进入家门？

我们必须学会认识到，价格的呈现方式会改变我们对价格的看法；我们为了让生活变得轻松而走捷径，这会让我们感到，当我们真正付出的时候，我们是在讨价还价；几千年前对我们的生存至关重要的东西在今天可能并不重要。

好消息是，如果你知道，你购买的商品最终是如何进入你的购物篮的，你就可以学会抵制今天使用的日益复杂的营销技巧。购买少一点，享受多一点！

注　释

新版自序

1　Oregon State University (2012) Sporting event ads viewed favorably, especially if the game is close, *ScienceDaily*, 31 Jan.

2　Association for Psychological Science (2012) It's all in the name: Predicting popularity through psychological science, *ScienceDaily*, 11 Jun.

3　Samuelson, W. & Zeckhauser, R. (1988) Status quo bias in decision making, *Journal of Risk and Uncertainty*, 1: 7–59.

4　Davis, C.J., Bowers, J.S., & Memon, A. (2011) Social influence in televised election debates: A potential distortion of democracy, *PLoS ONE*, 6(3): e18154.

5　Lapierre, M.A., Vaala, S.E., & Linebarger, D.L. (2011) Influence of licensed spokescharacters and health cues on children's ratings of cereal taste, *Archives of Pediatrics and Adolescent Medicine*, 165(3): 229.

6　Oberfeld, D., Hecht, H., Allendorf, U., & Wickelmaier, F. (2009) Ambient lighting modifies the flavor of wine, *Journal of Sensory Studies*, 24(6): 797.

7　http://philipgraves.net/discussion/tag/olympic-2012-stadium.

8　Berger, A. (2007) *Ads, Fads and Consumer Culture*, Lanham, MD: Rowman and Littlefield.

前言

1　www.pulsetoday.co.uk/story.asp?storycode=4116359.

2　Sporting Superstitions: www.24.com/sport/?p=SportArticle&i=482871.

3　Brown, D. (2007) *Tricks of the Mind*, London: Channel 4 Books, pp 292–3.

4　Rowlands, M. (2008) *The Philosopher and the Wolf: Lessons from the Wild on Love, Death and Happiness*, London: Granta Books. I don't presume to have done justice to Mark Rowlands' wonderful book with this brief distillation of its conclusions.

5　LeDoux, J. (1998) *The Emotional Brain*, London: Phoenix, p. 267.

6　Fine, C. (2007) *A Mind of its Own: How Your Brain Distorts and Deceives*, London: Icon Books.

7　Gladwell, M. (2006) *Blink: The Power of Thinking Without Thinking*, Harmondsworth: Penguin, pp 16–17.

第一章

1　Gladwell, M. (2006) *Blink: The Power of Thinking without Thinking*, Harmondsworth: Penguin.

2　Pendergrast, M. (2000) *For God, Country and Coca-Cola: The Unauthorized History of the World's Most Popular Soft Drink and the Company that Makes It*, New York: Basic Books.

3　University of Toronto (2009) Don't I know you? How cues and context kick-start memory recall, *ScienceDaily*, December 12.

4　I suspect that, were it not for our conversation, within a few days of buying the washing machine the woman would have claimed that she bought the product because of the brand's outright reliability, and not because she had no other basis for purchase and was confused by the choice available.

5   Hogan, K. (2004) *The Science of Influence: How to Get Anyone to Say Yes in 8 Minutes or Less!*, Chichester: John Wiley.

6   www.businessweek.com/smallbiz/content/mar2010/sb20100312_705320.htm.

7   Martin, J. (1995) Managing: Ideas and solutions, *Fortune*, 131(8): 121.

8   Li, W., Moallem, I., Paller, K.A. & Gottfried, J.A. (2007) Subliminal smells can guide social preferences, *Psychological Science*, 18(12): 1044–9.

9   www.nytimes.com/2007/09/09/realestate/keymagazine/909SCENTxt.html?_r=1&pagewanted=5&ref=keymagazine.

10 Bahrami, B., Lavie, N. & Rees, G. (2007) Attentional load modulates responses of human primary visual cortex to invisible stimuli, *Current Biology*, March.

11 Bargh, J. A. & Pietromonaco, P. (1982) Automatic information processing and social perception: The influence of trait information presented outside of conscious awareness on impression formation, *Journal of Personality and Social Psychology*, 43: 437–449.

12 Draine, S. & Greenwald, A. (1999) Replicable unconscious semantic priming, *Journal of Experimental Social Psychology: General*, 127: 286–303, taken from Wilson, T. (2002) *Strangers to Ourselves: Discovering the Adaptive Unconscious*, Boston, MA: Belknap Press.

13 Plassmann, H., O'Doherty, J., Shiv, B., & Rangel, A. (2008) Marketing actions can modulate neural representations of experienced pleasantness, *Proceedings of the National Academy of Sciences*, 105(3).

14 www.sciencedaily.com/releases/2007/08/070806104111.htm, Aug 11 2007, research by Cornell University.

15 Moll, A. (1889) *Hypnotism*, New York: Scribner's.

16 Wilson & Nesbitt, taken from Wilson, *op. cit.*

17 Nisbett & Wilson, taken from Wilson, *op. cit.*

18 Wegner, D.M. (2003) *The Illusion of Conscious Will*, Cambridge, MA: MIT Press.

19 Soon, C.S., Brass, M., Heinze, H.-J., & Haynes, J.-D. (2008) Unconscious determinants of free decisions in the human brain, *Nature Neuroscience*, April 13.

20 Damasio, A. (2000) *The Feeling of What Happens: Body, Emotion and the Making of Consciousness*, London: Vintage.

21 www.widerfunnel.com/proof/case-studies/babyage-com-e-commerce-retailer-lifts-sales-conversion-rate-by-22-with-conversion-rate-optimization.

22 www.widerfunnel.com/proof/case-studies/sytropin-a-nutritional-supplement-sold-online-realizes-a-50-uplift-in-sales-conversions.

23 Bechara, A., Damasio, H., Tranel, D., & Damasio, A.R. (1997) Deciding advantageously before knowing the advantageous strategy, *Science*, 28 February, 275(5304): 1293–5.

24 Cooper, R.G., Edgett, S.J., & Kleinschmidt, E.J. (2004) Benchmarking best NPD practices – I, *Research Technology Management*, 47(1): 31–43.

第二章

1   Pendergrast, *op. cit.*

2   Underhill, P. (1999) *Why We Buy: The Science of Shopping*, London: Orion Business, p. 210.

3   Lakhani, D. (2008) *Subliminal Persuasion: Influence and Marketing Secrets They Don't Want You to Know*, Chichester: John Wiley.

4   The title of Mark Pendergrast's chapter on the story of New Coke in his book, *op. cit.*

5   Kahneman & Tversky (1984) taken from Hogan, *op. cit.*

6   Perfect, T.J. & Askew, C. (1994) Print adverts: Not remembered but memorable, *Applied Cognitive Psychology*, 8.

7   Read Montague, P., McClure, S., Li, J., Cypert, K., & Montague, L. (2004) Neural correlates of behavioural preference for culturally familiar drinks, *Neuron*, 44(Oct.): 379–87.

8   Hogan, K. (2004) *The Science of Influence: How to Get Anyone to Say Yes in 8 Minutes or Less!*, Chichester: John Wiley, p153.

9   Pendergrast, *op. cit.*

10 http://news.bbc.co.uk/1/hi/health/1368912.stm.

11 Alter, A. L. & Oppenheimer, D. M. (2006) Predicting short-term stock fluctuations by using processing fluency, *Proceedings of the National Academy of Sciences*, 103: 9369–72.

12 Treiman, R., Kessler, B., & Bourassa, D. (2001) Children's own names influence their spelling, *Applied Psycholinguistics*, 22: 555–70.

13 www.widerfunnel.com/proof/case-studies/widerfunnel-increases-booking-conversion-rate-for-extra-space-storage-by-10-percent.

14 Blackmore, S. (1999) *The Meme Machine*, Oxford: Oxford University Press, p. 3.

15 Latane, B. & Darley, J.M. (1968) Group inhibition of bystander intervention in emergencies, *Journal of Personality and Social Psychology*, 10(3): 215–21; Latane, B. & Darley, J. (1969) Bystander "apathy," *American Scientist*, 57: 244–68.

16 Goldstein, N., Martin, S., & Cialdini, R. (2007) *Yes! 50 Secrets from the Science of Persuasion*, London: Profile.

17 Duhachek, A., Shuoyang, Z., & Krishnan, H.S. (2007) Anticipated group interaction: Coping with valence asymmetries in attitude shift, *Journal of Consumer Research*, 34(3): 395–405.

18 Hogan, *op. cit.*

19 *Ibid.*

20 Delgado, M.R., Frank, R.H., & Phelps, E.A. (2005) Perceptions of moral character modulate the neural systems of reward during the trust game, *Nature Neuroscience*, 8(11): 1611–18.

21 Ross, L., Lepper, M.R., & Hubbard, M. (1975) Perseverance in self-perception and social perception: Biased attributional processes in the debriefing paradigm, *Journal of Personality and Social Psychology*, 32: 880–92.

22 Pendergrast, *op. cit.*

第三章

1   Respondents are taken to a room (hall) that has been set up for research, either simply for shelter, or where computers, video players, or other sources of stimulus (including mocked-up fixtures) can be used in the research process.

2   Areni, C. & Kim, D. (1993) The influence of background music on shopping behavior: Classical versus top-forty music in a wine store, *Advances in Consumer Research*, 336–40.

3   www.sfgate.com/cgi-bin/article.cgi?f=/c/a/2007/11/02/WI8oSAPJB.DTL.

4   Yalch, R. & Spangenberg, E. (2000) The effects of music in a retail setting on real and perceived shopping times, *Journal of Business Research*, 49: August; Timmerman, J. E. (1981) The effect of temperature, music and density on perception of crowding and shopping behaviour of consumers in a retail environment, *Dissertation Abstracts International* 42(3): 1293.

5   Milliman, R.E. (1982) Using background music to affect the behavior of supermarket shoppers, *Journal of Marketing*, 46(Summer): 86–91.

6   Summers, T. & Hebert, P. (2001) Shedding some light on store atmospherics influence of illumination on consumer behavior, *Journal of Business Research*, 54: 145–50.

7   Meyers-Levy, J. & Zhy, R. (2007) The influence of ceiling height: The effect of priming on the type of processing people use, *Journal of Consumer Research*, September.

8   Underhill, *op. cit.*, p. 102.

9   Bronner, F. & Kuijlen, K. (2007) The live or digital interviewer, *International Journal of Market Research*, 49(2).

10 Sparrow, N. (2006) Developing reliable on-line polls, *International Journal of Market Research*, 48(6).

11 De Pelsmacker, P., Geuens, M., & Anckaert P. (2002) Media context and advertising effectiveness: The role of context style, context quality and context-ad similarity, *Journal of Advertising*, 31(2): 49–61.

12 Nam, M. & Sternthal, B. (2008) The effects of a different category context on target brand evaluations, *Journal of Consumer Research*, December.

13 Yoon, S.-O. & Simonson, I. (2008) Choice set configuration as a determinant of preference attribution and strength, *Journal of Consumer Research*, 35(2): 324.

14 www.nytimes.com/1996/09/19/business/chief-of-mcdonald-s-defends-arch-deluxe-to-franchisees.html.

15 Haig, M. (2003) *Brand Failures: The Truth About the 100 Biggest Branding Mistakes of All Time*, London: Kogan Page.

16 Milgram, S. (1963) Behavioral study of obedience, *Journal of Abnormal & Social Psychology*, 67: 3771–8.

17 www.stanford.edu/dept/news/pr/97/970108prisonexp.html.

18 Gale Cengage (2001) Homosexuality, *1990s Lifestyles and Social Trends*, Gale Cengage.

19 Mattel Blooper: www.anecdotage.com.

20 Dutton, D. G. & Aron, A. P. (1974) Some evidence for heightened sexual attraction under conditions of high anxiety, *Journal of Personality and Social Psychology*, 30: 510–17.

21 I have been unable to establish if Peugeot conducted more formal market research on the 1007; it is perhaps not surprising that manufacturers and research agencies don't promote their work on products that fail. However, I would be shocked if it had not tested the concept through consumer research.

22 http://sitetuners.com/luggagepoint-case-study.html.

23 Nah, F. (2004) A study on tolerable waiting time: How long are Web users willing to wait?, *Behaviour & Information Technology*, 23(3): 153–63.

24 Google's Marissa Mayer: Speed wins, http://blogs.zdnet.com/BTL/?p=3925.

25 McKinsey Quarterly (2001) Getting prices right on the Web, cited in Constantinides, E. (2004) Influencing the online consumer's behavior: The Web experience, *Internet Research*, 14(2).

26 www.law.virginia.edu/html/librarysite/garrett_exonereedata.htm.

27 Hasel, L.E. & Kassin, S.M. (2009) On the presumption of evidentiary independence: Can confessions corrupt eyewitness identifications? *Psychological Science*, 20(1): 122.

28 Wegner, Vallacher, & Kelly, Identifications of the act of getting married, cited in Wegner, D.M. (2003) *The Illusion of Conscious Will*, Cambridge, MA: MIT Press.

29 *Telegraph Magazine*, 10 November 2007.

第四章

1 Underhill, *op. cit.*, p. 171.
2 http://cmbi.bjmu.edu.cn/news/0607/110.htm; Wilson, T. (2002) *Strangers to Ourselves: Discovering the Adaptive Unconscious*, Cambridge, MA: Belknap Press.
3 University of Georgia (2008) Simple recipe for ad success: Just add art, *ScienceDaily*, Feb. 15.
4 Bem, D.J. (DATE?) *Self Perception Theory: Advances in Experimental Social Psychology*, Vol 6, New York: Academic Press.
5 Epley, N. & Dunning, D. (2000) Feeling "Holier than thou": Are self-serving assessments produced by errors in self or social prediction? *Journal of Personality and Social Psychology*, 79: 861–75.
6 Wilson, *op. cit.*, p84.
7 Underhill, *op. cit.*
8 Ohio State University (2009) You can look – but don't touch, *ScienceDaily*, January 12.
9 Greene, J. (2010) *Design Is How It Works: How the Smartest Companies Turn Products into Icons*, New York: Penguin.
10 Iyengar, S.S. & Lepper, M. (2000) When choice is demotivating: Can one desire too much of a good thing? *Journal of Personality and Social Psychology*, 79: 995–1006; Fasolo, B., Hertwig, R., Huber, M., & Ludwig, M. (2009) Size, entropy and density: What is the difference that makes makes the difference between small and large real-world assortments? *Psychology and Marketing*, 26(3); Broniarczyk, S.M., Hoyer, W.D., & McAlister, L. (1998) Consumers' perceptions of the assortment offered in a grocery category: The impact of item reduction, *Journal of Marketing Research*, 35(May): 166–76; Jessup, R.K., Veinott, E.S., Todd, P.M., & Busemeyer, J.R. (2009) Leaving the shop empty-handed: Testing explanations for the too-much-choice effect using decision field theory, *Psychology and Marketing*, 26(3): 299–320.
11 Kahneman, D. & Tversky, A. (1984) Choices, values and frames, *American Psychologist*, 39: 341–50.
12 Simonson, I. & Tversky, A. (1992) Choice in context: Tradeoff contrast and extremeness aversion, *Journal of Marketing Research*, 29(3): 281–95.
13 www.fourhourworkweek.com/blog/2009/08/12/google-website-optimizer-case-study/.
14 According to LeDoux, activation of the amygdala turns an experience into an emotional experience and this is much less well connected to the lateral prefrontal cortex (the area associated with consciousness) than other parts of the brain.
15 Darwin, C. cited in LeDoux, J. (1998) *The Emotional Brain: The Mysterious Underpinnings of Emotional Life*, New York: Simon and Schuster.
16 Stewart, I. & Joines, V. (1987) *TA Today: A New Introduction to Transactional Analysis*, Nottingham: Lifespace.
17 Thomas, L (1974) *The Lives of a Cell: Notes of a Biology Watcher*, London: Viking.
18 *British Medical Journal* (2007) Humor develops from aggression caused by male hormones, professor says, *ScienceDaily*, December 23.
19 www.clicktale.com.

第五章

1 www.millennium.gov.uk/lottery/experience.html.
2 National Audit Office (2000) *The Millennium Dome: Report by The Comptroller and Auditor General*, HC 936 Session 1999–2000, 9 November.

3 M&C Saatchi, *Will 12 Million Visit the Dome?* www.culture.gov.uk/images/free-dom_of_information/2975_3.pdf.

4 National Audit Office, *op. cit.*

5 www.guardian.co.uk/uk/1999/sep/17/fiachragibbons.

6 National Audit Office, *op. cit.*

7 As the name suggests, this is a research approach in which a researcher accompanies a consumer during their visit to the store and asks them questions about their experience as it happens.

8 Simons, D. & Chabris, C. (1999) Gorillas in our midst: Sustained inattentional blindness for dynamic events, *Perception*, 28: 1059–74.

9 Moore, D.W. (2008) *The Opinion Makers: An Insider Exposes the Truth Behind the Polls*, Lichfield: Beacon Press.

10 Wilson, T. & Schooler, J. (1991) Thinking too much: Introspection can reduce the quality of preferences and decisions, *Journal of Personality and Social Psychology*, 60: 181–92.

11 Tormala, Z.L. & Petty, R.E. (2007) Contextual contrast and perceived knowledge: Exploring the implications for persuasion, *Journal of Experimental Social Psychology*, 43: 17–30; Tormala, Z.L. & Clarkson, J.J. (2007) Assimilation and contrast in persuasion: The effects of source credibility in multiple message situations, *Personality and Social Psychology Bulletin*, April.

12 In some markets there is a degree of consumer protection to ensure that a product has been available elsewhere at the higher stated price for a defined period; however, while this provides a degree of reassurance, it's not to say that anyone bought the product from the branch of the store in Inverness that tried to sell it at the higher price!

13 Tversky. A. & Kahneman. D. (1974) Judgment under uncertainty, *Heuristics and Biases Science*, 185(4157, Sep. 27): 1124–31.

14 Wilson, T. D., Houston, C. E., Etling, K. M., & Brekke, N. (1996) A new look at anchoring effects: Basic anchoring and its antecedents, *Journal of Experimental Psychology: General*, 125: 387–402.

15 Moore, *op. cit.*

16 Market mapping involves establishing the relative position of competing products or brands, usually through asking respondents to place products into groups that they believe are similar; often the exercise is repeated to explore alternative dimensions of difference, for example people may separate out brands on the basis of perceived quality first, and when asked to do so a different way choose perceived healthiness. The criteria they employ to differentiate the brands are translated into axes, enabling the brands to be plotted in multiple dimensions.

17 Kim, K. & Meyers-Levy, J. (2008) Context effects in diverse-category brand environments: The influence of target product positioning and consumers' processing mind-set, *Journal of Consumer Research*, 34(April): 882–96.

18 Poncin, I., Pieters, R., & Ambaye, M. (2006) Cross advertisement affectivity: The influence of similarity between commercials and processing modes of consumers on advertising processing, *Journal of Business Research*, 59: 745–54.

19 Shen, H., Jiang, Y., & Adaval, R. (2010) Contrast and assimilation effects of processing fluency, *Journal of Consumer Research*, 36: 876–89.

20 www.nytimes.com/2001/01/09/health/in-weird-math-of-choices-6-choices-can-beat-600.html.

21 Kahneman and Tversky (1984) taken from Hogan, *op. cit.*

22 Hogan, *op. cit.*

23 Hogan, K., Lakhani, D., & May, G. (2007) *Selling: Powerful New Strategies for Sales Success*, Eagan, MN: Network 3000 Publishing.

24 McNeil, B. J., Pauker, S. G., Sox, H. C. Jr, & Tversky, A. (1982) On the elicitation of preferences for alternative therapies, *New England Journal of Medicine*, 306: 1259–62.

25 Schwartz, B. (2004) *The Paradox of Choice: Why More is Less*, London: HarperCollins.

26 Moore, *op. cit.*

27 *Ibid.*

28 www.millennium-dome.com/news/news990318dometickets.htm.

29 Data quoted in National Audit Office, *op. cit.*, restated in population terms based on data from the Office for National Statistics quoted in a Government Actuaries Document (www.gad.gov.uk/Documents/Demography/Projections/2000-based_National_population_projections_reference_volume.pdf).

30 Small, D. A., Loewenstein, G., & Slovic, P. (2007) Sympathy and callousness: The impact of deliberative thought on donations to identifiable and statistical victims, *Organizational Behavior and Human Decision Processes*, 102: 143–53.

31 National Audit Office, *op. cit.*

32 Janis, I. L. & King, B. T. (1954) The influence of role-playing on opinion change, *Journal of Abnormal and Social Psychology*, 49: 211–18.

33 Shen, H. & Wyer, Jr., R.S. (2008) Procedural priming and consumer judgments: Effects on the impact of positively and negatively valenced information, *Journal of Consumer Research*, February.

34 I asked an American friend how he would characterize the E! channel, since I'd never watched it. He described it as "A gossip channel for morons who have nothing better to do than spend their life watching people follow Brittany Spears"; although he did concede he probably wasn't representative of the channel's target audience.

35 Duke University (2008) Logo can make you "think different," *ScienceDaily*, March 30.

36 Radiological Society of North America (2006) MRI shows brains respond better to name brands, *ScienceDaily*, November 30.

37 Haig, *op. cit.*

38 www.designweek.co.uk/news/dove-to-get-the-lynx-treatment/1121049.article.

39 www.american.com/archive/2007/july-august-magazine-contents/absolut-capitalism.

40 La Piere, R. T. (1934) Attitudes vs. actions, *Social Forces*, 13: 230–37.

41 Wright, M. & Klÿn, B. (1998) Environmental attitude behaviour correlations in 21 countries, *Journal of Empirical Generalisations in Marketing Science*, 3.

42 Berne, E. (1961) *Transactional Analysis in Psychotherapy: The Classic Handbook to Its Principles*, London: Souvenir Press; Berne, E. (1972) *What Do You Say After You Say Hello?*, London: Corgi Books; Stewart, I. & Jones, V. (1987) *TA Today: A New Introduction to Transactional Analysis*, Nottingham: Lifespace.

43 Technically McEnroe went into a Child in the Parent mode, based on the second-order structural model of TA.

44 If you exclude the Parentally dismissive "No thanks" when the clipboarded woman approaches the typical would-be respondent going about his high street shopping on a Saturday morning!

45 Harris, T. (1969) *I'm OK, You're OK*, London: Arrow Books.

46 It is very rewarding breaking transactions in this way, I do recommend giving it a go.

47 National Audit Office, *op. cit.*

48 Schwarz, N., Song, H., & Xu, J. (2009) When thinking is difficult: Metacognitive experiences as information, in M. Wänke (ed.) *The Social Psychology of Consumer Behavior*, New York: Psychology Press.

49 Kalher (1974), modified by Ian Stewart, taken from Stewart, I. (1996) *Developing Transactional Analysis Counselling*, London: Sage.

50 Carmon, Z. & Ariely, D. (2000) Focusing on the forgone: How value can appear so different to buyers and sellers, *Journal of Consumer Research*, 27(3): 360–70.

51 National Audit Office, *op. cit.*

42 Daily Telegraph (2009) Cut the TV licence fee by £5.50, says the BBC Chairman, *Daily Telegraph*, September 10.

53 www.bbc.co.uk/bbctrust/assets/files/pdf/news/2009/ipsos_mori_background.pdf.

54 *Daily Telegraph*, September 16, 2009.

55 *Digital Britain: Attitudes to supporting non-BBC regional news from the TV licence fee*, Interim Summary Report prepared for the Department of Culture Media and Sport, Sept 2009 (www.culture.gov.uk/images/publications/TNS-BMRB_interimsummaryreport.pdf).

56 *Ibid.*

57 Stanovich, K. (2009) *The Psychology of Rational Thought: What Intelligence Tests Miss*, New Haven, CT: Yale University Press.

58 Pervin, L.A. & John, O.P. (eds) *Handbook of Personality: Theory and Research*, 2nd edn, New York: Guilford Press; Shoda, Y., Mischel, W., & Wright, J.C. (1994) Intra-individual stability in the organization and patterning of behavior: Incorporating psychological situations into the idiographic analysis of personality, *Journal of Personality and Social Psychology*, 67: 674–87.

第六章

1 Libet, B., Gleason, C.A., Wright, E.W., & Pearl, D.K. (1983) Time of conscious intention to act in relation to onset of cerebral activity (readiness-potential): The unconscious initiation of a freely voluntary act, *Brain*, 106(3): 623–42.

2 www.newscientist.com/article/dn13658-brain-scanner-predicts-your-future-moves.html?feedId=online-news_rss20.

3 Gladwell, *op. cit.*, p72.

4 Georgellis, Y. cited in Happiness "immune to life events," http://news.bbc.co.uk/1/hi/health/7502443.stm.

5 Damasio, *op. cit.*, p67.

6 Lieberman, D. (2007) *You Can Read Anyone: Never Be Fooled, Lied to, or Taken Advantage of Again*, Viter Press, p. 35.

第七章

1 http://en.wikipedia.org/wiki/National_Socialist_German_ Workers_Party.

2 www.quackmedicine.com/. An analysis of nineteenth-century "quacks" and their success with customers provides many interesting lessons for organizations beyond the influence of groups, for example the manipulation of unconscious mood (entertainment) to increase susceptibility to influence and not letting a product's inherent lack of benefit stand in the way of people's willingness to endow it with one. We all like to think we're smarter than that these days, but sales of alternative medicines and market research might suggest otherwise.

3 Tanner, R.J., Ferraro, R., Chartrand, T.L., Bettman, J.R., & Van Baaren, R. (2008) Of chameleons and consumption: The impact of mimicry on choice and preferences, *Journal of Consumer Research*, April.

4 Berns, G., Capra, M., Moore, S., & Noussai, C. (2009) Neural Mechanisms of Social Influence in Consumer Decisions, *Organizational Behavior and Human Decision Processes*, 110(2): 152–9.

5 *Red Bull: The Anti-Brand Brand*, www.redbull.com/images/historysection/pdf/3/RB_Case_Study_London_Business_School0904.pdf; Wipperfürth, A., *Speed-in-a-Can: The Red Bull Story*, http://experiencethemessage.typepad.com/blog/files/Speed_In_a_Can.pdf.

6 www.upi.com/Top_News/2009/09/15/Swedish-stores-ban-Red-Bull-sales-to-kids/UPI-25571253062930/.

7 Asch, S.E. (1951) Effects of group pressure upon the modification and distortion of judgment, in H. Guetzkow (ed.), *Groups, Leadership and Men*, New York: Carnegie Press.

8 http://news.cnet.com/8301-13579_3-10245339-37.html.

9 Stoner, J.A., Comparison of individual and group decisions involving risk, unpublished thesis, MIT, cited in Myers, D. G. & Lamm, H. (1975) The polarizing effect of group discussion, *American Scientist*, 63: 297–303.

10 Greenwald, A. (1968) Cognitive learning, cognitive response to persuasion, and attitude change, in A.G. Greenwald, T.C. Brock, & T.M. Ostrom (eds), *Psychological Foundations of Attitudes*, New York: Academic Press.

11 Vinokur, A. & Burnstein, E. (1974) The effects of partially shared persuasive arguments on group induced shifts: A group problem-solving approach, *Journal of Persuasion and Social Psychology*, 29: 305–15.

12 Weaver, K., Garcia, M., Schwarz, N., & Miller, D. (2007) Inferring the popularity of an opinion from its familiarity: A repetitive voice can sound like a chorus, *Journal of Personality and Social Psychology*, 92(5): 821–33.

13 Wegner, *op. cit.*, pp 180–9.

14 www.avguide.com/forums/blind-listening-tests-are-flawed-editorial.

15 Underhill, *op. cit.*

16 Beaman, A.L., Diener, E., & Klentz, B. (1979) Self-awareness and transgression in children: Two field studies, *Journal of Personality and Social Psychology*, 37: 1835–46.

17 Wicklund, R.A. & Duval, S. (1971) Opinion change and performance facilitation as a result of objective self awareness, *Journal of Experimental Social Psychology*, 7: 319–42.

18 Diener, E. & Wallbomm, M. (1976) Effects of self awareness on anti-normative behaviour, *Journal of Research in Personality*, 10: 107–11.

19 De Amici, D., Klersy, C., Ramajoli, F., & Brustia, L. The awareness of being observed changes the patient's psychological well-being in anesthesia, *Anesthesia & Analgesia*, 90(3): 739–41.

20 More recent reviews of the data have proposed that information feedback and financial reward may have accounted for the differences in behavior (see Parsons, H.M. (1974) What happened at Hawthorne?, *Science*, 183: 922–32).

21 Gifford, R. (1988) Light, decor, arousal, comfort, and communication, *Journal of Environmental Psychology*, 8: 177–89.

22 Wikipedia (2008) The Hawthorne Effect, www.wikipedia.com.

23 Sauer, A. (2002) Consignia, Royal f*%# up, www.brand channel.com/features_profile.asp?pr_id=76.

24 Pendergrast, *op. cit.*

第八章

1　Greene, *op. cit.*
2　http://online.wsj.com/article/SB121555041646936817.html.
3　www.timesonline.co.uk/tol/news/uk/article533842.ece.
4　Wilson, R.D., Gilbert, D.T., & Centerbar, D.B. (2002) Making sense: The causes of emotional evanescence, in J. Carillo & I. Brocas (eds), *Economics and Psychology*, Oxford: Oxford University Press.
5　Gilbert, D.T., Pinel, E.C., Wilson, T.D., Blumberg, S.J., & Wheatley, T.P. (1998) Immune neglect: A source of durability bias in affective forecasting, *Journal of Personality and Social Psychology*, 75: 617–38.
6　Wilson, T.D., Wheatley, T., Meyers, J.M., Gilbert, D.T., & Axsom, D. (2000) Focalism: A source of durability bias in affective forecasting, *Journal of Personality and Social Psychology*, 78(5): 821–36.
7　Kahneman, D. & Miller, D.T. (1986) Norm theory: Comparing reality to its alternatives, *Psychological Review*, 93: 136–53.
8　Zajonc, R.B. (1968) Attitudinal effects of mere exposure, *Journal of Personality and Social Psychology Monographs*, 9(2, Part 2): 1–27.
9　Song, H. & Schwarz, N. (2008) If it's hard to read, it's hard to do: Processing fluency affects effort prediction and motivation, *Psychological Science*, 19(10): 986–8.
10　Winkielman, P. & Fazendeiro, T.A. (2003) The role of conceptual fluency in preference and memory, working paper, Department of Psychology, University of California, San Diego.
11　Labroo, A.A., Dhar, R., & Schwarz, N. (2008) Of frog wines and frowning watches: Semantic priming, perceptual fluency, and brand evaluation, *Journal of Consumer Research*, 34.
12　Alter, A.L. & Oppenheimer, D.M. (2006) Predicting short-term stock fluctuations by using processing fluency, *Proceedings of the National Academy of Sciences*, 103(24): 9369–72.
13　Pelham, B.W., Mirenberg, M.C., & Jones, J.T., Why Susie sells seashells by the seashore: Implicit egotism and major life decisions, www.stat.columbia.edu/~gelman/stuff_for_blog/susie.pdf.
14　www.youtube.com/watch?v=9gUJ5UBw2n8&feature=channel_page.

第九章

1　Hopkins, C. (1923) *Scientific Advertising*, New York: McGraw-Hill.
2　Goldstein, Martin, & Caldini, *op. cit.*; University of Nottingham (2009) Saying sorry really does cost nothing, *ScienceDaily*, September 23. Retrieved September 28, 2009, from www.sciencedaily.com/releases/2009/09/090923105815.htm.
3　www.wired.co.uk/wired-magazine/archive/2010/04/features/work-smarter-indi-tex.aspx.
4　http://money.cnn.com/galleries/2008/fortune/0803/gallery.jobsqna.fortune/index.html.

后记

1　http://www.telegraph.co.uk/news/politics/9392224/The-nudge-nudge-unit-has-ways-to-make-you-pay.html

致　谢

若要写一本书，阐述潜意识的重要性，以及我们无法认识到它在塑造我们行为方面的作用，就不可能不接受这样一个事实：如果你不承认那些为提升本书作出贡献的人，你就会做得很糟糕。因此，我保留对那些我认为以某种形式影响了本书的人表示感谢的权利。

例如，作家杰伊·赖特（Jay Wright）告诉我，写书的秘诀就是，先说你打算写一本书，然后直接去做。我知道，看到一个我如此崇拜的人完成了这件事，几乎可以肯定的是，这激起了我潜意识里想要模仿他的欲望。

我认为自己最幸运的是无意中读到了凯文·霍根的著作《亚马逊影响力科学》（*The Science of Influence at Amazon*），更幸运的是，后来还受到了他的指导。我自己的书就在我电脑的子目录中，在他的名字下面，这充分说明了他对我的书的开始、完成和出版的贡献。同时，霍根为这本书写了推荐序，这让我备感荣幸。

几乎可以肯定的是，如果没有弗朗西斯·班尼特（Francis Bennett）的指导和鼓励，这本书是不可能问世的，他的参与进一步证明了我的幸运。而弗朗西斯是我的岳父亚当·里德利（Adam Ridley）和岳母安娜贝尔·里德利（Annabel Ridley）推荐给我的。弗朗西斯拥有丰富的出版经验，为我提供了慷慨的帮助，让我从写书到出版的过程变得十分愉悦。

当我写这本书的时候，也得到了我父亲的鼓励，他阅读了本书的第一章，还热情地与我电话交流"某个单词的另一种说法"，真是无比宝贵。同样，我的直系亲属为我留出了继续写作所需的空间和津贴。尽管我的孩子乔治（George）和玛莎（Martha）最近刚刚开学，却已经写了好几本"书"了，速度比我快多了，不像我这样瞎忙乎（不过，在我看来，他们写的小怪物帕夫的故事要短得多）。

本书的完工还得益于很多其他人，他们以不同的方式提供了各类帮助，我无法详细描述（请原谅我不能一一详述他们的各种贡献）：斯蒂芬·巴恩斯（Stephen Barnes）、大卫·巴洛（David Barlow）、艾普尔·布拉斯韦尔（April Braswell）、史蒂夫·钱伯斯（Steve Chambers）、迪恩·钱斯（Dean Chance）、杜安·坎宁安（Duane Cunningham）、理查德·格雷夫斯（Richard Graves）、拜恩·基夫斯（Bryan Griffiths）、J.P. 哈罗普（J.P. Harrop）、何约翰（John Ho）、凯瑟琳·瑞克伍（Catherine Rickwood）、J.J. 耶拉皮（JJ Jallopy）、林恩·莱恩（Lynn Lane）、丽莎·麦克莱伦（Lisa McLellan）、罗勃·诺思拉普（Rob Northrup）、达瑞尔·佩斯（Darryl Pace）、大卫·帕内尔（David Parnell）、米奇·瑞哈默（Mitch Rehaume）、鲍勃·塞莫尔（Bob Seymore）、休米·特里（Hugh Terry）、内森·怀特豪斯（Nathan Whitehouse）、迈克尔·莱特（Michael Wright）。

尼克·布雷利（Nick Brealey）、艾瑞卡·海尔曼（Erika Heilman）和莎莉·赖斯德尔（Sally Lansdell）很有天分，他们能听出我想说的话，并帮助我更好地表达出来。他们的建议总是深刻有益，但有时我没有马上意识到这一点，这是我的错。

最后，感谢那些雇用我去帮助他们的组织或邀请我去他们组织做演讲的客户们，以及那些正在探索人类大脑复杂世界的心理学家和神经科学家们，我参考了他们的作品。谢谢，没有他们就没有这本书的诞生。